Pensadoras de la nación

Gloria da Cunha

Pensadoras de la nación

Gloria da Cunha

Iberoamericana · Vervuert · 2006

Bibliographic information published by Die Deutsche Bibliothek
Die Deutsche Bibliothek lists this publication in the Deutsche Nationalbibliografie;
detailed bibliographic data is available on the Internet at <http://dnb.ddb.de>.

© Iberoamericana, Madrid 2006
Amor de Dios, 1 – E-28014 Madrid
Tel.: +34 91 429 35 22
Fax: +34 91 429 53 97
info@iberoamericanalibros.com
www.ibero-americana.net

© Vervuert, 2006
Wielandstr. 40 – D-60318 Frankfurt am Main
Tel.: +49 69 597 46 17
Fax: +49 69 597 87 43
info@iberoamericanalibros.com
www.ibero-americana.net

ISBN 84-8489-239-5 (Iberoamericana)
ISBN 3-86527-274-6 (Vervuert)

Depósito Legal:

Cubierta: Marcelo Alfaro
Impreso en España por
The paper on which this book is printed meets the requirements of ISO 9706

ÍNDICE

A mis queridísimas amigas Ofelia, Marta, Alba, Diana, Elena, María José, Sumara, Nena, Mari Tere, Anabella, Corina, Elsy y Carmela, por la hermosa amistad que ha vencido al tiempo y al espacio.

AGRADECIMIENTOS

A Yaw Asare, mi asistente de investigación, por su invaluable colaboración y amistad.

A Morehouse College, en especial a mis colegas amigos, por el constante apoyo a todas mis aventuras profesionales.

A la Biblioteca Robert W. Woodruff y a la Biblioteca Nacional de Irlanda (Dublín), por proporcionarme documentos esenciales.

Pensadoras de la nación

El cimiento del pensamiento latinoamericano se halla todavía en proceso de reconstrucción porque ciertos pilares del corpus ideológico continúan sin ser descubiertos y sin analizarse adecuadamente. Este es el caso del ideario de las pensadoras decimonónicas. A pesar de que estudios críticos de los últimos diez años revelan un creciente interés, la empresa sigue enfrentando obstáculos especiales tales como el hallazgo de ensayos diseminados en periódicos y otras publicaciones de la época o la dificultad para reimprimir ejemplares únicos que yacen en el silencio de bibliotecas personales o lejanas. A estos hechos se le suman otros inconvenientes. Un análisis de artículos y libros de crítica revela, por un lado, que la metodología a la que se adhieren sus autores no favorece a todas las ensayistas ni a develar completamente el valor de los ensayos. Por otro, se observa una clara tendencia hacia la atención de ensayos de pensadoras conocidas por el fácil acceso a ellos, por encuadrar el examen dentro de marcos feministas de corte europeo o estadounidense, a interpretar ensayos que versan sobre la situación de la mujer y por antologarlos también según esta temática. La innegable importancia de estas tareas es la de haber iniciado la historización y caracterización del pensamiento femenino y la de explicar los posibles móviles por los cuales las mujeres emplearon el género del ensayo. El uso de este vehículo literario tradicionalmente masculino para tratar temas femeninos ha llevado a ciertos críticos a hablar de "cruce de géneros" o de "discurso contestatario" para indicar que el ensayo de la mujer conlleva razones opuestas a las de los hombres por la intención, explícita o implícita, de trasmitir opiniones sobre la opresión que han padecido las mujeres[1]. Estas

---

[1] Algunos ejemplos de estas afirmaciones son los libros *The Politics of the Essay. Feminist Perspectives* (1993), compilado por Ruth-Ellen Boetcher-Joeres y Elizabeth

ideas reafirman la creencia, errónea como veremos, de que las pensadoras decimonónicas no utilizaron el género en el mismo plano de igualdad discursiva y temática que los hombres. Prácticas metodológicas y tendencias interpretativas como éstas evidencian que el pensamiento de las mujeres resulta perjudicado al acorralárselo temáticamente dentro de las fronteras de la problemática femenina a través del tiempo sin compararlo, por las preocupaciones sociales, políticas o filosóficas que trasmiten, con el de los ensayistas de una misma época. Estas observaciones explican la ausencia de una plataforma clara de las ideas de las pensadoras decimonónicas fundadoras sobre el que se pueda levantar un tronco genealógico sólido compuesto de ramales ideológicos de ensayistas posteriores.

La revalorización del pensamiento de las ensayistas latinoamericanas decimonónicas exige una modificación previa de tales criterios críticos considerados. Ante todo es necesario ampliar la categoría genérica dado que las ideas de las mujeres, al igual que las de los hombres de la época, se hallan diseminadas en textos de géneros literarios híbridos debido a que la diferenciación de la prosa en sus tres vertientes más conocidas en la actualidad, ensayo, cuento y novela, se dio más tarde en el siglo XX. Teniendo en cuenta estos rasgos literarios, en un estudio anterior comenzamos a encuadrar el examen dentro de ciertas preocupaciones capitales del pensamiento de la época para descubrir la contribución de las ensayistas y para despejar la actitud asumida por ellas ante el impacto del pensamiento europeo, positivismo, anarquismo, espiritismo, o ante el conflicto criollo entre civilización y barbarie, así como para observar sus respuestas a las corrientes literarias del momento, como el realismo y el naturalismo[2]. Los resultados de la interpreta-

---

Mittman, *Reinterpreting the Spanish American Essay. Women Writers of the 19th and 20th Centuries* (1995) y *Rereading the Spanish American Essay. Translations of the 19th and 20th Centuries Women's Essay* (1995), ambos compilados por Doris Meyer.

[2] Esta alteración de criterios la iniciamos en el estudio "Pensadoras hispanoamericanas decimonónicas" en el que analizamos también el cuento-ensayo "Mis recuerdos de Tibacuí" (1861) de la colombiana Josefa Acevedo de Gómez (1803-1892) y la novela-ensayo *Pablo o la vida en las pampas* (1869) de la argentina Eduarda Mansilla (1834-1892), en *Actas del XII Seminario de Historia de la Filosofía Española e*

ción según nuevos acercamientos motivaron posteriores exámenes y revalorizaciones de los ensayos en busca de aquellas ensayistas que pudieran ser consideradas parte del grupo fundador de nuestro pensamiento. Este objetivo ha sido más difícil de alcanzar dada la inusitada riqueza del ideario de las decimonónicas debido a la exitosa incursión de las mismas en los campos de la historia, la religión, la filosofía, la ciencia, la literatura y la política. Como el de los hombres, su pensamiento se originó legítimamente de la profundísima cultura y conocimiento de la realidad propia y extranjera que poseían, conocimiento absorbido de la vida familiar, del autodidactismo, de la lectura infatigable de obras publicadas en América Latina, Europa y Estados Unidos, de sus viajes por estas regiones, de la estrecha relación epistolar con sus coetáneos, mediante el intercambio de obras y colaboraciones en periódicos, por la constante participación en luchas políticas, tertulias literarias, muchas patrocinadas por ellas mismas, hasta en la búsqueda del poder por las vías propias del momento o mediante la actividad sindical obrera. También se ha podido comprobar que si bien la intensa vida y participación social y política las hizo muy conocidas en el ambiente nacional e internacional en los que se movieron, una vez desaparecidas, a diferencia de los pensadores, la sociedad condenó a muchas de ellas al olvido quizás porque no las consideraba modelos femeninos ejemplares para imitar en esas épocas. De aquí que estos seres eminentemente sociales y políticos encarnen debates no cancelados ya que sus vidas fueron frutos de experiencias particulares desde las cuales vieron y vivieron el mundo que volcaron en obras que continúan padeciendo la postergación crítica.

La interpretación comparada y en conjunto del ensayismo de Marietta de Veintemilla (Ecuador 1858-1907), Mercedes Cabello de Carbonera (Perú 1845-1909) y Luisa Capetillo (Puerto Rico 1879-1922) nos lleva a considerarlas las primeras pensadoras de la nación ya que ésta es el eje central de su participación social y política y del contenido de sus principales ensayos. Este hecho no es

---

Iberoamericana, Roberto Albares, ed., Salamanca, Editorial de la Universidad de Salamanca (de próxima publicación).

casual dado que durante el siglo XIX y durante las primeras déca-
das del XX la cuestión de la nación, directa o indirectamente, era la
preocupación fundamental de los ensayistas latinoamericanos al
punto que se puede afirmar que de la cópula de ambos, germina-
ron los países. Basta recordar entre los ensayos fundacionales de
este período los de Simón Bolívar, Andrés Bello, Domingo Faustino
Sarmiento, José Victorino Lastarria, José Martí, Eugenio María de
Hostos, José Enrique Rodó, Manuel Ugarte, Manuel González
Prada, José Carlos Mariátegui o los de Pedro Henríquez Ureña. De
sus ensayos se proyecta la voluntad de interpretar la concepción
europea de nación dentro del pasado de las nuevas realidades políticas hispanoamericanas y vislumbrar posibles direcciones de vida
colectiva futura con el afán de alcanzar a los otros países occidentales. Este deseo representaba la nación moderna. Para los pensadores del XIX y de principios del XX, los países de América Latina eran
herederos de la vieja organización de la monarquía española, mientras que la nación moderna a implantar debía ajustarse a criterios
originados en Francia y Estados Unidos. Es decir que el conflicto
capital de los ensayistas fundacionales era pensar e imaginar la
construcción de un nuevo edificio con materiales ideológicos ajenos sobre un sistema colonial aún vigente, pero que también había
sido impuesto desde el exterior aunque sus raíces se hundieran
profundamente en la memoria colectiva como si fueran autócto-
nas. Por lo tanto, y como sabemos hoy por los estudios efectuados
entorno al tema de la nación, América Latina surge como una cadena de rupturas de continuidades, como una constante imposición
de tradiciones nuevas, como en un eterno rehacerse sin poder llegar ser realmente[3]. El pasaje del pasado, aún el convulsionado presente de los países, al futuro, representado por la nación moderna,

---

[3] Para un análisis más detenido de la formación y fundación de las naciones
en Hispanoamérica a partir del contraste con las europeas, véase *Mario Benedetti y
la nación posible*, Alicante: Universidad de Alicante, 2002. Entre las cuestiones tra-
tadas se hallan la controversial definición, la evolución histórica, las diferencias
de imágenes, la historización del pensamiento nuestro sobre la nación en América
Latina, así como las ideas más originales de estudiosos extranjeros como Walker
Connor, Paul James, Benedict Anderson y Eric Hobsbawm.

parecía imposible de efectuar. En su intento se adoptó el sistema republicano, se promulgaron constituciones, se implantaron programas educativos, se inventaron tradiciones patrias que rescataban héroes propios comparándolos con los grandes jefes de hazañas bélicas europeas, se escribieron himnos nacionales, o se ejerció la libertad de pensamiento recién estrenada en tertulias filosóficas, literarias y científicas. Así se justifica por qué, para los extranjeros, la juventud de la América Hispana haya aparecido cubierta con un halo de antigüedad ya que los intelectuales, fieles al leer, importar e imitar, iniciaron la nueva vida política en las páginas de la historia social, filosófica, literaria, política y económica del Viejo Continente. Esta situación, durante el XIX, aparecía sólo como una pátina superpuesta sobre la colonia en la que continuaba habitando la mayoría de la población ya que sólo la cúpula de nuestros países había atravesado el pasaje al espíritu de la nación moderna. Ese espíritu nuevo, todavía imbuido de la savia de la Ilustración y del romanticismo, se fortificó con la razón del positivismo conquistado por la idea del Progreso y adquirió distintas tonalidades con el ingreso de nuevas oleadas del pensamiento europeo. A raíz de esta conquista mental, los pensadores de la América nuestra no discrepaban en cuanto a la necesidad del progreso, sino que sus diferencias residían en los métodos para alcanzarlo. Esta fue la cuna ideológica del ensayismo decimonónico que se mecía de la adopción ciega de lo ajeno, por considerarlo la única medida para sacar a los países del oscurantismo colonial en que vegetaban, a la fe en que para obtener la nación soñada se debían tener en cuenta las necesidades propias y la contribución de la masa convertida en ciudadanos. A este último grupo, como veremos, pertenecían las pensadoras porque, para ellas, una nación moderna no podría surgir nunca de una sociedad que marginara amplios sectores de la sociedad y de las cuestiones de gobierno. Marietta, Cabello y Capetillo son ejemplos cardinales de esta vertiente aunque narren la nación desde posiciones muy diversas[4]. Sin embargo, al interpretar sus

---

[4] Usamos el primer nombre de la ensayista para evitar la confusión con el de su tío, Ignacio de Veintemilla.

ensayos hay que mantener presente al menos dos hechos que las unen: que eran mujeres y que buscaban el progreso tal vez más que los hombres. Marietta representa la lucha por la aplicación práctica de los cambios desde el gobierno; Cabello era la intelectual en busca de la doctrina asiento de la nación; mientras que Capetillo encarna la visión y deseo de cambio de los obreros. Quizás hasta sería posible considerarlas como tres momentos distintos del proceso de evolución de las ideas europeas en América Latina. Tal vez sus narraciones de la nación revistan rasgos utópicos, si no se las consideran un estadio permanente, o más bien una marcha colectiva hacia una meta ideal en movimiento. Y si estas narraciones de contornos utópicos, o de deseos de prosperidad idealizado, fueron posibles se debió a que ellas mismas habían progresado como seres humanos y pudieron imaginar y creer en la transformación real tal y como se había dado en ellas. Por lo tanto, para el crítico actual, las diferencias entre estas tres pensadoras pueden resultar hoy más aparentes que reales, dado que prima en ellas la actitud de seres humanos comprometidos por la búsqueda de la plenitud para todos.

Marietta, prominente figura histórica desconocida en la actualidad como poderosa lo fue en el Ecuador decimonónico, recibió una educación excepcional por su crianza entre militares y políticos, en medio de apasionadas discusiones familiares sobre la formación de la nación[5]. El nombre de Marietta no se halla unido al de un padre, ya que quedó huérfana cuando era pequeña, ni al de un marido, por enviudar apenas unos meses después de casada, sino al de su tío, Ignacio de Veintemilla, presidente y dictador de Ecuador desde 1879 a 1883, inmediatamente después de finalizada la dictadura de García Moreno. No obstante, y a diferencia de otras mujeres de su tiempo, el renombre histórico de Marietta no se debe sólo a este parentesco, sino también a la activa participación política que desplegó principalmente entre sus dieciocho y veintitrés años cuando

---

[5] Para información detallada sobre la vida de Marietta, consultar la singular biografía escrita por Enrique Garcés, *Marietta de Veintemilla*, Quito: Casa de la Cultura Ecuatoriana, 1949.

fue, de hecho, la que condujo las riendas del país en las prolonga-
das ausencias de su tío, ya sea comandando las tropas, abortando
golpes de estado o defendiendo el Palacio con sus soldados. Esta
intervención finalizó cuando sus tropas fueron vencidas, ella hecha
prisionera y desterrada a Lima donde vivió hasta su regreso a
Ecuador en 1898. El alejamiento forzoso no significó el fin de su
pasión por la vida política ya que la continuó en su obra ensayística, sobre todo en el libro *Páginas del Ecuador* (1890), texto fundamental que condensa todo su ideario político y social. La herencia
escritural que nos lega Marietta consta además de seis ensayos
extensos entre los que destacan *Madame Roland* (1904), *Goethe y su
poema Fausto* (1904), *A la memoria del Dr. Agustín Leonidas Yerovi*
(1904) y *Conferencia sobre psicología moderna* (1907)[6].

El valor de *Páginas del Ecuador* dentro del tema que nos ocupa es
extraordinario por múltiples razones. Hasta la fecha, este libro es la
primera narración de la formación de la nación latinoamericana
desde la perspectiva de una mujer que tuvo en sus manos el poder
político y militar. En momentos que recién se comenzaba a escribir
el pasado, Marietta se revela como una verdadera filósofa de la historia puesto que interpreta, define y da sentido al tumulto de acontecimientos pretéritos, tal como lo habían hecho analistas políticos
como Maquiavelo o a partir de las lecciones de la historia europea
y del papel de líderes políticos como César, Napoleón y Bolívar. La
diferencia radica en que Marietta asienta su interpretación dentro
del marco conveniente del positivismo: el apoyo de éste a las dictaduras presidenciales. *Páginas del Ecuador* no es solamente la única
radiografía sociopolítica de la Hispanoamérica decimonona escrita
por una mujer, sino también la única después del *Facundo* (1845).
Marietta debía haberse familiarizado con este libro de Sarmiento a
juzgar por la hibridez genérica del suyo y por el objetivo de lucha
política entablada, aunque disimulada. Como ambos fueron escri-

---

[6] En *Marietta: el pensamiento de Marietta de Veintemilla*, Quito: Ediciones del
Banco Central del Ecuador, 1998, efectuamos la única interpretación crítica que
existe hasta la fecha sobre el pensamiento político, social y filosófico de sus ideas
dentro del marco de su época para rescatar el gran valor actual de esta pensadora.

tos en el exilio, resultaron armas eficaces para combatir desde lejos
a los enemigos dentro del país natal, así como para mantener viva
su presencia en el mismo. No obstante, dos elementos le otorgan
originalidad a la obra de Marietta: ella ya había participado en el
gobierno cuando lo escribió y había recibido la influencia del positivismo. Este se combina con el cientificismo y la filosofía de la historia para obtener argumentos irreprochablemente convincentes
que le permitieron diseñar planteamientos coherentes y efectuar
una nueva lectura de la historia para dar sentido al pasado político
ecuatoriano y justificar la dictadura como el primer régimen
moderno, ejemplo de progreso.

Para Marietta, y contrariamente a lo afirmado por Sarmiento, el
problema de los países hispanoamericanos no se hallaba en el conflicto entre civilización y barbarie, ni en la forma de gobierno, dictadura o presidencia. El núcleo del conflicto, según su presentación,
se hallaba en los principios en los que el gobierno se apoyaba, los
del fanatismo religioso y del autoritarismo militar de los conservadores, o los de la democracia, tolerancia y apoyo popular del liberalismo, enfocados hacia el bien colectivo. De modo que Marietta
desplazó el centro del conflicto sarmientino, la dictadura como producto de la barbarie, al plano de las ideas de la historia civilizada, y
mostró que la causa del retraso era la lucha entre los partidos que
usaban al fanatismo bárbaro para lograr sus fines y mantener el
poder. Valiéndose del apoyo dado por el positivismo a la dictadura
presidencial y a la abolición del congreso, Marietta establece un
paralelo histórico entre la dictadura de su tío y las de César, Napoleón y Bolívar, para demostrar que no todas eran iguales. Tampoco
el ejército lo era ya que en el esquema liberal planteado en *Páginas
del Ecuador* surge como un ejemplo de disciplina, de sacrificio individual en aras del colectivo, pero sobre todo como la fuerza de la
razón para combatir la del fanatismo religioso del falso catolicismo.
De esta distinción emerge la creencia de Marietta de que su tío,
como todo dictador positivista, poseía las loables intenciones de la
nueva religión, la de la Humanidad, que lo capacitaba para inaugu-
rar una nueva época hacia la justicia social mediante la educación.
Por el contrario, sugiere Marietta, la oposición conservadora se apoyaba en una religión ya caduca, el catolicismo, para mantener arcai-

cas estructuras basadas en la ignorancia. Como Marietta consideraba que todos los sectores de la sociedad eran esenciales para el progreso de la nación, la educación de todos, principalmente la de los
oprimidos sociales, se presentaba como la única senda para lograrlo
y para eliminar el fanatismo religioso, considerado por ella causa
principal de la inestabilidad política y del progreso real.

El profundo conocimiento de la historia le permitió a Marietta
darle sentido a la de Ecuador dentro del marco europeo e hispanoamericano. Según se desprende de la interpretación de *Páginas del
Ecuador*, las naciones habían atravesado dos períodos claramente
definidos. Uno, inmediatamente después de la independencia,
oscuro, convulso e informe, el del fanatismo religioso, seguido por
otro, el de la razón iluminada por la luz de las ideas liberales. En
Ecuador, el primero correspondió, sugiere ella, a la dictadura de
García Moreno y el segundo, al mandato de su tío. Para facilitar la
comprensión de las ideas de Marietta, *Páginas del Ecuador* se puede
dividir en dos partes: la primera trata del Ecuador hasta el fin del
garciamorenato y la segunda se refiere al gobierno de Ignacio de
Veintemilla, dentro de la cual se incluye la participación de la propia Marietta. La oposición entre ambas es obvia, favoreciendo
totalmente al veintemillato, hecho que inclina inadvertidamente al
lector por el mismo. Durante la primera, apunta Marietta en su
libro, y como legado de la administración colonial, la nación no
existía como tal puesto que consistía en una permanente pugna
entre los miembros de una minoría por el poder, mientras que la
masa mayoritaria se hallaba sumida en una confusa cotidianeidad:
"El Ecuador, como todos los demás países sudamericanos, tiene
una historia accidental y llena de episodios lúgubres, en que se destaca, primera, la sombra del fanatismo. Llámesele religioso o político, pero fanatismo siempre, es él, el causante de las desgracias que
todavía nos aquejan" (5). El país de esta época, sugieren sus afirmaciones, se caracterizaba por ser un grupo humano a la deriva,
sin tradiciones auténticas que lo encauzara, sin gobernantes capaces de unirlo, de organizar el país desde la base, de vertebrarlo en
alguna dirección definida. En consecuencia, los lazos que relacio-
naban a los ciudadanos eran los de la superstición, la intolerancia y
la ignorancia, que imponían los gobernantes de turno mediante la

astucia y la fuerza: "No se concibe un pueblo sin luchas intestinas de carácter religioso o político, como no se concibe un mar sin vientos ni olas. Desde que el mundo es mundo, vienen diputándose el predominio en los diversos pueblos dos elementos igualmente considerables, hasta el día, aunque parezca el uno subordinado al otro por la acción de los tiempos. Estos dos elementos nativos son la astucia y la fuerza" (49). De modo que el presente caótico de Ecuador no era especial ya que sus características se revelan como las propias de la etapa natural de la formación de los pueblos en general no sólo de los hispanoamericanos:

> La fuerza, que en las primitivas edades jugara un papel tan importante, tuvo siempre en la astucia su poderosa rival, su encarnizada enemiga. [...]
> Allá, en las selvas, y cuando el hombre vivía como una fiera, caía el más herculeo y valeroso en poder del más débil. [...]
> A la dominación guerrera opúsosele en los albores de la humanidad, el gentilismo mítico. La superstición de las turbas fue el baluarte de los primeros políticos del mundo que no fueron sino los primeros astutos. [...]
> Tomando así las cosas, desde su origen, no nos debe asombrar que siga en los pueblos atrasados repitiéndose esta lucha histórica del elemento viril, fuerte, casi brutal, pero que lleva en sí los gérmenes del poderío y de la nacional grandeza, contra la hipocresía, el dogma, las ambiciones políticas disfrazadas de religión (50-51)[7].

Demostrando ella misma gran astucia, Marietta hace que el lector enlace estas conclusiones generales de la evolución de los pueblos americanos con las extraídas previamente del examen de la historia europea. Esta comparación no sólo pone de relieve la similitud de ambos procesos históricos, sino que convence, y tranquiliza a los lectores, de que la etapa en que se hallaban los americanos era natural, pasajera, la correcta y necesaria dirección para acceder a una futura mejor:

---

[7] Todas las citas provienen de la versión original de *Páginas del Ecuador,* Lima: Imprenta Liberal F. Masias, 1890. Las extensas citas de los ensayos de las tres pensadoras se debe al desconocimiento de sus obras.

Los pueblos hispano-americanos arrastran casi todos una existencia idéntica.

Hay cualidades y defectos comunes de raza, que no les permiten entrar de lleno en el camino del orden. Siguiendo el paralelo de sus volcanes, *viven con estremecimientos revolucionarios, periódicos y fatales, que van sin embargo, disminuyendo en intensidad conforme se educan las masas, cuya quietud y hábitos de trabajo* corresponden al enfriamiento gradual de las materias terrestres en ignición.

El Ecuador, aunque desgraciado hasta el día, no tiene sin embargo, por qué perder la fe en sus destinos futuros.

Los pueblos más grandes y prósperos de hoy, han tenido también su noche negra de horrores.

Exigir de pueblos jóvenes como el nuestro, la madurez y el orden de los antiguos y al presente poderosos, es exigir demasiado, desconociendo las sabias leyes de la Naturaleza. Esas leyes demarcan a las naciones un desarrollo tardío, casi morboso, cuando se atienen a sus propios recursos en medio de la ignorancia. Esas leyes no permitieron a las Galias del tiempo de César, sobreponerse a Roma, a la Rusia de Boris, supeditar al Austria, ni a la orgullosa Inglaterra de nuestros días, contrarrestar al poderío marítimo de Holanda, en época en que las islas Británicas eran ni más ni menos que cualquier pueblo americano del Sur, en su abandono, su atraso y sus discordias (409-411) [Énfasis añadido].

Planteado en estos términos, el nacimiento de la nación desde la perspectiva de Marietta se proyecta como un advenimiento natural de la pacificación del magma de pasiones humanas. Así se explica que haya sintetizado en unas pocas páginas los primeros años de la república, como un mero recuento de figuras oscuras y guiadas por los sentimientos negativos de la condición humana, los del fanatimso religioso.

El fin de la primera etapa de la nación, que según Marietta se había prolongado en Ecuador más que en otros países, se inició con el mandato de su tío, presentado como el salvador del pueblo, el fundador de la nación moderna. No obstante, Marietta afirmaba que el pasaje no había sido fácil ni exitoso dado que los conservadores oponían feroz resistencia mediante la renovación del empleo de la religión para legitimar la lucha por el poder y de la intolerancia para unirse y combatir a los liberales: "La religión está amenazada –dijo–. 'Veintemilla y Carbo son enemigos de Dios y están fuera de la ley humana. Quien libre a la Iglesia de Veintemilla se habrá ganado el cielo, porque el exterminio de los herejes se hace muchas veces forzoso para mayor honra y provecho del Altísimo'" (56). Marietta consideraba que la religión era un elemento unitivo fundamental aunque creía que del tejido legal de la nación debería quedar excluida la participación política de la iglesia. De aquí que criticara duramente el empleo hipócrita de la misma: "Bella es la religión cuando enseña la caridad, el bien en todo orden de nuestros semejantes. Pero cuando ésta se convierte en refugio de los hombres malos, cuando se monopoliza su nombre para negocios puramente administrativos, natural es que nos indignemos de tanta farsa [...]" (51-52). El resultado de este empleo falso de la religión había sido la firma del concordato entre García Moreno y el Vaticano, cuya abolición por Veintemilla desató la iracundia de los conservadores, "una guerra abierta entre la Iglesia y el Estado", para evitar la separación de poderes que impulsaba el liberalismo decimonónico (71-73). En consecuencia, los conservadores volvieron a valerse del estímulo de la superstición y del fanatismo con el ánimo de vencer a Veintemilla, como lo prueba el ejemplo del terremoto:

> Los fenómenos naturales han sido explotados, desde tiempo inmemorial, por los servidores del culto, en su provecho. [...]
> Júzguese, pues, la situación del Gobierno de Quito, en medio de una muchedumbre ignorante, azuzada por los clérigos, cuando. [...] dibujose en el horizonte una mancha negra que adelantaba oscureciendo la luz del día que probaba que Veintemilla había irritado al cielo, y que Dios con todas sus olímpicas furias, se ponía de parte de los tres canónigos.
> Pero, el peligro que amenazaba, no era sólo a Veintemilla, sino a la población entera, incluyéndose en ésta a los sacerdotes (76-78).

A pesar de esta propaganda, el poder de Veintemilla se expandió y se inició la fundación de la nación moderna. Según *Páginas del Ecuador*, los pilares sobre los cuales se asentó fueron la constitución liberal, el liderazgo de un militar progresista, las obras públicas y el comienzo de la conversión de la masa amorfa en pueblo mediante la educación. Efectivamente, uno de los primeros actos de la presidencia de Veintemilla fue la promulgación de una nueva constitución, la de Ambato, según los principios liberales y huma-

nos más altos, que Marietta transcribe fielmente (93-97). Los detalles más sobresalientes eran la garantía de los derechos humanos, a
la vida, a la propiedad, a la privacidad de la correspondencia, a la
libertad personal, la abolición de la esclavitud y del servicio militar
obligatorio, el derecho a la seguridad individual, a la igualdad ante
la ley, a la libertad de expresión, de movimientos, el derecho al voto
y a la educación, la primaria, gratuita y obligatoria. Esta base legítima, aunque distante del pueblo que debía usufructuarla, se correspondió, según la narración de la nación moderna que hace Marietta, con el impulso dado por el gobierno de su tío a las obras
públicas en todo el país, como la construcción del ferrocarril y de
sistemas de irrigación, puentes, carreteras y calles, hospitales divi-
didos en secciones para hombres y mujeres, escuelas, becas para
estudiantes pobres, nueva aduana para el puerto de Guayaquil,
ayuda económica para zonas paupérrimas, sin olvidar obras culturales como el teatro de Quito y el paseo de la Alameda (102-107).

Otro elemento importante que según la interpretación de
Marietta contribuyó a la consolidación nacional, hoy considerada
parte esencial de la fundación de la nación moderna, fue la presentación de su tío Ignacio como el héroe moderno, como el caudillo
popular pero letrado, capaz de alzarse exitosamente contra los conservadores e impulsar la evolución y el cambio, implantando tradiciones propias de las naciones avanzadas. Tradiciones modernas y
obras modernas eran, según Marietta, las pruebas fehacientes de la
modernidad del gobierno de Ignacio de Veintemilla. El hecho que
su gobierno fuera una dictadura presidencial aparece, entonces,
como un rasgo insignificante al estar apoyada en los postulados
del positivismo que le dio categoría moderna a la misma. De aquí
que Marietta presente a Veintemilla como una figura a la vanguar-
dia aunque incomprendida por los políticos e historiadores de ese
momento, todos, según ella, incapaces de percibir su significado
para Ecuador debido a la falta de preparación para interpretar
objetivamente, y de un modo abarcador, su valor real dentro del
marco de la nueva doctrina:

Antes de juzgar a los hombres, *penetremos en el espíritu de su época,*
único medio de pronunciar acerca de ellos, un fallo acertado e imparcial.

La observación que ha aclarado tantos misterios, sorprendiendo hasta los secretos de la naturaleza, es la que contribuye poderosamente a determinar el lugar que a cada cual le corresponde entre sus semejantes.
Preciso es estudiar las necesidades de los pueblos, a la vez que los acontecimientos, analizar los sistemas de gobierno y desentrañar los hechos, para juzgar con espíritu recto a las personas que intervinieron en ellos, o han marcado su rumbo histórico originario (109-110) [Énfasis añadido].

De modo que Marietta justifica, por un lado, que la dictadura de Veintemilla era la prolongación necesaria y natural del mandato presidencial, como también lo justificaba el positivismo. Este le había dado, legitimando, el instrumento ideológico apropiado para su plataforma de lucha contra los conservadores amparados en el poder de le iglesia. La dictadura surgía como necesaria para que el nuevo héroe de la realidad histórica de Ecuador completara la labor de transformación iniciada:

> Llegó el momento en que debía trasmitir el poder: pero ¿dónde estaba el intrépido sucesor que desafiando el peligro siguiera el impulso dado a las ideas liberales recientemente expandidas en el Ecuador?
> Veintemilla había comenzado a constituir seriamente el partido liberal. Los hombres dignos del partido conservador y radical, que habían encontrado en él su verdadero jefe, no tenían aún el suficiente aplomo para la lucha. [...]
> El sistema de pupilaje gubernativo engendra el odio o el ridículo. [...]
> Y no siempre de los partidos recientes sale un hombre capaz por el carácter o la inteligencia, de suceder al que principió la obra magna, de fijar sus ideas en el inseguro campo de la administración (114-115).

Se observa que para Marietta era imprescindible analizar la conducta humana para hallar al más apto para la función de gobernar que consistía no sólo en el rendir un adecuado servicio administrativo, sino, además, en la capacidad real para unir a los ciudadanos mediante tradiciones liberales y transformar el país colonial en nación moderna. Vemos que, aunque haya idealizado a su tío, Marietta comprendió la función del líder así como el problema creado por el vacío de poder. Para fortalecer sus ideas, Marietta, apoyándose en la evolución de las naciones europeas, asoció el ascenso y permanencia de su tío en el poder al de César y Napoleón quienes habían unido y fortalecido los imperios mediante gobiernos autoritarios, sobre todo el de César, uno de los primeros dictadores occidentales: "Mas, ¿no era preferible esa dictadura nominal, momentánea, aceptada tan solo por la salvación de un partido, a una ley que impusiera la reelección de la podría abusarse hasta lo infinito?" (116-118). Para legitimar aún más sus juicios, Marietta vincula en el plano político estos casos de la historia europea a la dictadura de Bolívar que tenía por objeto mantener la unión de las nuevas repúblicas (119). Este paralelo que establece con Bolívar le permitirá demostrar más adelante que la caída de Veintemilla se debió, como la del Libertador, a las traiciones de que fuera objeto. La ubicación de Veintemilla, hombre y mandato, en este ilustre linaje europeo y americano casi obliga al lector de hoy a retirar la vista del sentido negativo que conlleva la palabra dictadura y asociarla con aquellos gobiernos de héroes de importancia reconocida y con términos de alta carga positiva como heroísmo, patria, nación, sacrificio, virtud, moral, historia, justicia, igualdad, derechos, obras publicas, grandeza, bien, lealtad. De este modo Marietta justifica posibles errores del héroe Veintemilla y sugiere que deben de ser perdonados porque eran sacrificios en aras del bien común y de la nación moderna que fundaba: "Los ineptos son los más implacables críticos. Nada ignoran. Cuando los hechos se han consumado, es que saben lo que debía hacerse anteriormente. Son por lo tanto más grandes que Aníbal, que Napoleón y que César, pues si estos capitanes, si se revelaron grandes, fue en sus luchas contra lo desconocido y en su serenidad ante lo imprevisto que sólo sabe dominar el genio" (136). Sin dejar cabo histórico suelto, y con la astucia necesaria para ver en su época la importancia de la continuación histórica, Marietta suelda las fisuras al apuntalar la implantación de nuevas tradiciones europeas como un hecho natural de una evolución proveniente del pasado hispanoamericano: "Quito, ciudad fundada por los Caras, edén de Huaina-Capac el Grande, y cuna de Atahualpa, está consagrada por el grito inmortal de independencia lanzado desde allí como el rayo precursor de la libertad americana. Los nombres gloriosos de las primeras vícti-

mas ilustran sus anales, y la historia le reserva un lugar prominente entre sus hermanas de la América española" (173-174).

En esta narración de la fundación de la nación moderna esfor-
zándose por dejar de ser país colonial que nos lega Marietta aparece también la preocupación por integrar al pueblo mediante la
voluntad de convertirlo en masa definida con capacidad para deci-
dir su propio destino. Vemos aquí la avanzada astucia política de
Marietta para conjugar postulados de distintos orígenes ideológicos para lograr sus fines: la participación popular no se hallaba
entre los del positivismo, sino todo lo contrario, y más bien corresponde a la noción propia de gobiernos populistas de bien entrado
el siglo xx. No obstante, ella percibe y anticipa que este ingrediente
era fundamental, como lo confirma el hecho de que Veintemilla
había llegado al gobierno por el apoyo del pueblo y promulgado
una constitución liberal que le dio voz y que le protegía sus derechos, sugiriendo además que lo consideraba la pieza clave para
mantenerse en el poder:

> La propia Asamblea que dio una Constitución reclamada por el
> decoro nacional, a la altura de los países mejor constituidos de Suda-
> mérica, inspirándose en la justicia, quiso galardonar de una manera
> especial al mandatario sin cuyo concurso no hubiera disfrutado tam-
> poco el Ecuador, de tan benéficas leyes.
>
> Unánimemente, pues, concedió a Veintemilla el título de Capitán
> General que no había antes llevado nadie en el Ecuador, y que le dis-
> tinguiera, por lo mismo, de todos los demás jefes al servicio de la
> República.
>
> *La voluntad soberana del pueblo era manifiesta en esa Asamblea que ema-
> naba del pueblo;* y si algunos han objetado que el título de Capitán Gene-
> ral concedido a Veintemilla era de algún modo incorrecto, no pueden
> negar a su vez la potestad de un cuerpo legislativo como aquel, para
> ampliar los títulos militares en uso, y aún, para crear otros, como suce-
> diera en distintos Congresos americanos, donde se ha hecho hasta
> Grandes Mariscales en recompensa de acciones de armas y eminentes
> servicios políticos (97-98) [Énfasis añadido].

Esta clara alusión a José Antonio de Sucre, y como había hecho
con la figura de Bolívar en el plano político, tiene un gran valor en

el plano popular. El Mariscal, adorado por el pueblo y también traicionado, surge como el mecanismo del que se vale Marietta para darle, por un lado, grandiosidad a la caída de Veintemilla al mostrar la injusticia como el elemento propio de los héroes. Por otro, destaca la ilegalidad que cometió el gobierno que le siguió al ignorar la soberanía popular. Las muestras del apoyo del pueblo por Marietta y su tío se intercalan a lo largo de todo el libro, pero se hacen más relevantes a la caída de la dictadura, durante el encarcelamiento y la marcha al destierro:

> La muchedumbre seguía paso a paso nuestra marcha a través de las calles, y, cosa extraña, aunque el populacho que sigue el carro del vencedor, deprime al vencido, ni una voz, ni una palabra se desprendió para injuriarnos. [...]
> *¡Cuántas veces el mutismo de los pueblos es la elocuente condenación de los Gobiernos!*
> *Recuerdo que mientras duró el camino, llevaba la frente erguida como para dominar la multitud, pues mi anhelo era ver al pueblo y ser vista por él.*
> *El triunfo moral obtenido por el vencido, es mil veces más difícil, más glorioso que el triunfo del vencedor sobre el ejército más disciplinado y aguerrido. Sentíame por tanto, orgullosa y hasta feliz* (271-272) [Énfasis añadido].

Este cariño del pueblo revela la creencia, ¿o astucia política?, de Marietta en la importancia del apoyo popular para que la gestión del gobierno fuera exitosa, valor propio de las democracias actuales. Además muestra que acepta la división política de los actores de la nación entre dirigentes y dirigidos y que reconoce también que los indígenas se hallaban marginados de ambas funciones. De aquí que sintiera que se debía integrarlos, aunque sin pensar en cómo resolver o mantener las diferencias culturales:

> La postración de su espíritu diciendo está diciendo que ese grano arrojado en las entrañas de la madre común, fructificará para otro que no es su dueño. Rey destronado del Continente por las huestes de España, continúa bajo las pintadas banderas republicanas sirviendo a los hijos de esos conquistadores que le desprecian. [...] *¿Cuándo las doctrinas liberales, triunfando de la servidumbre oscurantista, principiaran*

en la parte más bella del Nuevo Mundo a ilustrar a esas masas dislocadas de
la civilización? ¿Cuándo será el indio un factor de progreso, en vez de un ele-
mento frío, inepto para constituir la fuerza misma de las sociedades? (362-
363) [Énfasis añadido].

Este interés se une al que refleja *Páginas del Ecuador* por la participación activa de la mujer en la formación de la nación, la que
cumplió Marietta misma, muy opuesta a la que desplegaban mujeres de su tiempo y a la función vedada por la doctrina positivista.
Sin embargo, Marietta ubica a la mujer en un plano de igualdad
con el hombre quizás también para justificar su propia actuación.
La singular empresa política realizada por la autora, sugiere su
libro, emanó de las razones para acceder al poder político, del
magistral desempeño del mismo, de la resistencia demostrada ante
la caída, durante el encarcelamiento y el destierro, así como de la
posterior habilidad para justificar su participación ante la historia.
El ingreso al poder de Marietta se muestra como una exigencia
patriótica común a los hombres, como el héroe heredero y esperado por todos, debido a la capacidad de Marietta de percibir las
maquinaciones políticas de los falsos partidarios de la nación y de
impedir un golpe de Estado:

> Mientras éste [Veintemilla] residía en la Capital, poco o nada preo-
> cupábame yo de la política.
>   La misión mía era bien diferente. Como todas las mujeres nacidas
> en el desahogo y dotadas de un corazón no egoísta, procuraba aliviar
> las amarguras de cuanto infeliz demandaba un socorro, haciendo valer
> la proverbial larguez del padre de mi familia.
>   Ausente el primer Magistrado de la República, llegó hasta mis
> oídos la famosa conspiración terrorista, cuyo caudillo era ¡oh escánda-
> lo! el Ministro de Guerra, General Cornelio E. Vernaza.
>   Mas, ¿qué podía hacer yo en tales circunstancias? Sentíame capaz
> de arrostrar todo peligro y sin embargo, debía guardar reserva hasta el
> último, para evitar así la burlona sonrisa con que el mundo, no escaso
> de fundamento, acoge las enérgicas resoluciones de los que considera
> débiles (122-123).
>   Dile tiempo para que concluyese con sus preámbulos, resolviendo
> yo, interiormente, la manera de paralizar el golpe (126).

El cariño, apoyo y respeto de los soldados que se gana en este primer triunfo y en las posteriores batallas para mantener el poder, demuestran que, según Marietta, la mujer también reúne las condiciones para ser un excelente jefe militar capaz de dedicarse a la dirección y protección de las tropas: "No fue vanidad el móvil que me impulsara al juramento de no separarme del ejército. Desde el instante aquel en que sintiéndome su jefe, no retrocedía ni ante el sacrificio posible de mi existencia. El orden que debía reinar en el combate como en la victoria, constituyó mi ambición única, sin que por esto fueran usurpados legítimos derechos, puesto que ya la traición y la pusilanimidad, se habían encargado de dejar el ejército sin conductores, y abandonando a sus propios impulsos" (177). La demostración de su éxito como comandante se revela en la opinión de los propios soldados: "Lejos de sorprenderse los soldados, manifestáronme la más grande satisfacción con las voces de –*mi niña, mi jefe, mi Generalita*– que se hicieron tan repetidas más adelante" (132-133). Este desempeño exitoso justifica el llamado que se le hiciera para ejercer el poder político que surge como el ineludible deber a la patria y que reitera la idea del sacrificio personal del héroe al anteponerlo a su vida personal:

> Por un lapso de dos meses permanecí encerrada sin querer oir lo que pasaba en mi derredor. De esta profunda apatía sacáronme, no obstante, las reiteradas súplicas de mis amigos, y el acuerdo de los hombres del poder, que veían en mi persona, el miembro de la familia más a propósito para atender con ellos, a los peligros, en el forzado alejamiento del Dictador .
>
> Puede parecer extraño a cualquiera esta solidaridad de mando con una mujer; solidaridad tanto más rara en una República, donde no es permitido el acceso al poder, como en las monarquías, al elemento femenino (148-149).

Para corroborar esta actuación de héroe sacrificado, Marietta, astutamente, incluye en su ensayo fragmentos de la opinión que sus enemigos volcaran en el periódico en las que reconocían que: "Ella ha sido el alma de la resistencia en Quito; ella sola ha gobernado estas provincias durante la ausencia del Dictador" (178). De modo que Marietta, nuevamente, revela gran astucia para encubrir las verdaderas razones para su actuación en cuestiones de gobierno con la intención de disimular ante los positivistas, quienes condenaban a la mujer al hogar, por esperar de ellos el apoyo para la vida política.

Según la valoración de su propia actuación Marietta convence al lector de la época que la mujer puede contribuir eficazmente a la formación de la nación. Este éxito, no obstante, no significa que creyera que ella había sido la única mujer que realizó hazañas gloriosas para la patria. Como hizo con su tío, Marietta se ubica a sí misma, implícitamente en este libro y en los ensayos posteriores, en una ilustre genealogía de mujeres europeas e hispanoamericanas con poder político, como por ejemplo, Madame Roland, heroína e ideóloga de la Revolución Francesa, y la ecuatoriana Manuela Sáenz, la Libertadora del Libertador. Pero el gran valor de Marietta se halla en su magistral y rara habilidad para interpretar la historia y legarnos una versión originalísima de la evolución de la nación ecuatoriana, teniéndola que situarla a ella, indudablemente, en la ilustre genealogía de nuestros pensadores políticos. Su interpretación la revela como un estadista moderno, quien luego de su etapa en el poder, se retira a escribir sus memorias, para vertebrar la historia, para dejar registrada su versión para la posteridad. Por su papel de ensayista que domina al lector lejos de su tiempo con las palabras, Marietta desplaza al constructor hombre, su tío Ignacio, y se yergue como la ideóloga, la que narra la nación. Así se explica que, según ella, Veintemilla y el veintemillato permanezcan porque no cumplieron en toda la extensión el planeado programa de gobierno liberal, convertido ahora en contraseña del pueblo partidario: "Veintemilla existe, vive aún" (344). Es decir, ella condensa en su tío y su mandato todos los beneficios que la nación moderna podría rendirle a un país colonial cuando el aparato legal fuera continuado con la educación del pueblo, en especial la de la mujer y la del indio. Así justifica también la permanencia de su tío en la historia de la nación: "No; él existe en sus leyes, en sus obras, vivirá entre sus compatriotas, morará en su Patria, porque el espíritu de libertad que el encarnaba, se ha difundido en ella, y todas las fuerzas desencadenadas no podrán extinguir ese espíritu, generador de grandes acontecimientos en el porvenir" (357-358). Desde la perspectiva actual quizás sorprenda a muchos, como también sucedió en su época, el incondicional apoyo que Marietta le brindara a una dictadura aunque es preciso recordar que en su época no había muchas opciones políticas. Superando esta opinión inicial se observa que el valor de Marietta se halla más allá de su participación política tan original. Tal valor reside en la rara habilidad de ensayista que demuestra Marietta para justificar ideológicamente, y ante la historia, ese apoyo concedido, resultando ella misma, e inadvertidamente, en la primera mujer hispanoamericana que imagina, narra y define la nación como una comunidad política que fue trasplantando tradiciones e insertándolas en las raíces mestizas de tierras coloniales en aras del progreso.

No obstante, como se ha evidenciado, Marietta no abrazó al positivismo ciegamente. Esta afirmación proviene no sólo de esa comparación implícita con grandes mujeres de la historia europeas y latinoamericanas, y de su propia actuación, sino claramente en ensayos posteriores en los que defiende y aboga por el derecho de la mujer a incursionar en áreas tradicionalmente vedadas por la sociedad. Marietta rechazó al positivismo porque condenaba a la mujer al hogar y al poder absoluto de un hombre, marido, hermano, padre, que ella misma no tenía, o al Estado en la ausencia de ellos. En el extenso y excelente ensayo "Madame Roland", Marietta reflexiona sobre la posición de la mujer en la sociedad empleando esta figura histórica para comparar el adelanto de las europeas y destacar el atraso que observaba en la posición de la mujer hispanoamericana:

> Aquí, donde la inteligencia ha derramado sus dones sobre el bello sexo a competencia de la hermosura; aquí en nuestra América española [...] donde el heroísmo también ofrece ejemplares como Policarpa Salavarrieta y María de Vellido, no existe, sin embargo, un medio ambiente social que sea aparente aún, al desenvolvimiento de caracteres como el de Madame Roland [...] que debió la mitad de su valer efectivo a los hombres de concepto que la rodeaban (358).

Las conclusiones se asemejan a las que expresara en relación a las cuestiones de la nación: la condición social y política atrasada de las mujeres de su región se debía, sugiere implícitamente, a la conservadora mentalidad masculina moldeada por la acción dogmática de la Iglesia que empleaba el fanatismo religioso para mantenerlas sumisas:

> A despecho de nuestra civilización, la mujer sudamericana es la esclava recién manumisa que ensaya sus primeros pasos en el terreno de la literatura, donde felizmente ha cosechado ya grandes triunfos [...]. Ella no puede aún aventurarse en el campo especulativo sin la obligada compañía de un hombre. [...] Para llevar al poder una idea, aunque sea la más pura y desinteresada, se expone al miserable tratamiento de favorita. No tiene, en una palabra, la culta, racional independencia que la mujer de Europa o de Norte América (360).

De aquí que piense que los espíritus fanáticos, que otrora habían ajusticiado a Madame Roland, como después al gobierno de su tío, eran los que mantenían oprimida a la mujer en la América española: "Los fanáticos doctrinarios, cuando perecen como Madame Roland, dejan en pos de sí una nota de vibrante desconsuelo; hacen desconfiar a los espíritus débiles de la realización de los fines más elevados e introducen el desorden en las ideas" (362). Por reconocer Marietta que la igualdad de todas las mujeres era la base de la democracia, "el mayor nivel intelectual alcanzado por la mujer será siempre positivo beneficio de la sociedad a que pertenezca", respaldaba vehementemente la educación de las mismas como camino para el progreso real de las naciones (362).

Los restantes ensayos de Marietta completan su visión del mundo al tratar temas de candente actualidad en su momento histórico. Por ejemplo, se observa que le otorgaba vital importancia a la religión puesto que creía en la inmortalidad del alma como la noción del progreso humano que completaba la vida terrena al darle una meta más allá del progreso material terrenal. Ensayos como *A la memoria del doctor Agustín Yerovi* (1904) o *Conferencia sobre psicología moderna* (1907) confirman nuevamente que no aceptaba ciegamente las corrientes filosóficas de moda sino que buscaba una interpretación propia, un equilibrio entre las mismas. Así se explica la influencia que ejercieron sobre ella los intelectuales españoles, ya que le permitieron conjugar las promesas del cientificismo europeo con el ideal romántico americanista, la religiosidad de las naciones hispanoamericanas y el espiritismo de sus últimos años de vida. Pero como cuestionaba las bondades epidérmicas de planteamientos filosóficos ajenos, Marietta le atribuye gran valor a la psicología y al pensar racional y libremente por considerarlos vehículos para alcanzar a las naciones europeas mediante nuevas interpretaciones de la historia y de la humanidad desde una óptica diferente y ajustada a las necesidades propias, entre las que la libertad y la educación de la mujer fueron objetivos que nunca abandonó en su vida.

Esta voluntad de un balance ideológico para defender los principios sobre los que se debía asentar la nación moderna, así como la libertad y los derechos de la mujer que la mayoría de las corrientes ideológicas de su tiempo no favorecían, caracteriza también el ideario de Mercedes Cabello de Carbonera (1845-1909). Perteneciente al mismo círculo histórico peruano en el que se hallaba la Marietta exiliada, llegó a ser una de las pocas mujeres reconocidas también fuera de Hispanoamérica, en Europa y en especial en España, por sus ideas y sus creaciones literarias[8]. Este éxito profesional confirma la afirmación de Marietta en cuanto al triunfo de la mujer en la literatura. Al igual que ésta, su gran educación fue resultado del autodidactismo y, curiosamente al igual que la ecuatoriana, se quedó viuda muy joven sin haber tenido hijos. Aproximadamente en 1893 detuvo su carrera de escritora debido a una enfermedad mental que la mantuvo recluida en un manicomio durante diez años, hasta su muerte en 1909. Pero durante su vida Cabello participó activamente en la vida social y literaria de Lima asistiendo asiduamente a veladas literarias organizadas por la argentina Juana Manuela Gorriti, por Clorinda Matto de Turner y las del Ateneo, bajo el liderazgo de Manuel González Prada[9]. En

---

[8] Para conocer el alcance de la participación de las mujeres de la América Hispana en España, consultar *Hispanoamericanas en Madrid (1800-1936)* de Juana Martínez Gómez y Almudena Mejías Alonso (Madrid: Horas y Horas, 1994).

[9] Abundan estudios críticos que proporcionan detalles sobre la vida y logros profesionales sobre esta escritora, como *Mercedes Cabello de Carbonera* (1997) de

estas tertulias reveló una gran preocupación por la sociedad, la
política, la filosofía y la literatura, enfocándose siempre en los problemas que afectaban la vida cotidiana de los habitantes decimo-
nónicos urbanos, y participando en las discusiones filosóficas del
momento con duras críticas contra el romanticismo y el positivismo que le valieron el desprecio de muchos de sus colegas masculi-
nos. Más intelectual que activista, novelista, ensayista y correspon-
sal extranjera, la obra de Cabello ha sido objeto de abundantes
estudios que se centran principalmente en las novelas, producto de
la primera etapa de escritora, como *Sacrificio y recompensa* (1886),
Blanca sol (1888) y *El conspirador* (1898. La obra ensayística de la
etapa posterior, la de pensadora, se centra alrededor de su posición
ante las corrientes literarias de moda en su momento histórico,
tema extensamente estudiado por innumerables críticos. Sus ensayos revelan una intensa preocupación por la humanidad y por la
literatura como medio de transformarla, como se observa en sus
ensayos más conocidos: *Influencia de la mujer en la civilización*
(1890?), *Estudio comparativo de la inteligencia y la belleza de la mujer*
(1892?), *Importancia de la literatura* (1892), *La novela moderna* (1892) y
El Conde León Tolstoy (1896)[10]. La lectura de éstos sugiere que, al
igual que Marietta, Cabello insistía en que era fundamental empaparse previamente del conocimiento de teorías modernas ajenas
antes de aceptarlas para que, evitando el encandilamiento que ejer-
cían, se pudiera elaborar interpretaciones personales. El método
discursivo seguido para llegar a conclusiones muy propias revela,

---

Martha Gonzáles Ascorra, *La voz de la mujer en la literatura hispanoamericana fin de
siglo* (1999) de Luis Jiménez, *Mercedes Cabello o el riesgo de ser mujer* (1987) de Ana
María Portugal, *Latin American Women Writers: Yesterday and Today* (1977) de Ivette
Miller o *Sin perdón y sin olvido: su mundo y su biografía* de Ismael Pinto Vargas
(Lima: Universidad San Martín de Porres, 2003). Para informaciones sobre el
clima limeño de esta época, consultar entre otros, *El abanico y la cigarrera. Primera
generación de mujeres ilustradas en el Perú.* de Francesca Denegri (Lima: IEP/Flora
Tristán, 1996).

[10] Los estudios críticos sobre las ideas de Cabello respecto a las corrientes literarias son muy numerosos para incluirlos aquí, hecho que también explica que no
nos dediquemos a los mismos en este examen.

por un lado, la influencia del discurso científico, también semejante al de la ecuatoriana, ya que en los ensayos cada afirmación va precedida o seguida de detallados ejemplos y comparaciones extraídos de la historia europea e hispanoamericana para probar sus deducciones. Estos pasos ensayísticos, por otro, eran comunes entre nuestros pensadores del XIX dado que, como tanto ellos y la región, eran desconocidos, necesitaban elaborar una clara plataforma para sus ideas. Además de permitirles mostrarse muy informados del acontecer ideológico europeo e hispanoamericano, este procedimiento, como también lo había hecho Marietta, mostraba la elaboración de un ideario propio y un corpus ensayístico independiente. La historización de las ideas mediante la inserción en las europeas no sólo le otorgaba al pensamiento de la región cierta antigüedad, que legitimaba su existencia e importancia, sino que destacaba los rasgos particulares que comenzaba a distinguirlo. Cabello de Carbonera representa un indudable ejemplo de esta dirección. En este sentido, consideramos que la muestra más notable de su singular mirada filosófica la representa la carta-ensayo *La religión de la humanidad* (1893) que revela claramente sus ideas con respecto a los principios que estimaba pilares para la formación de la nación moderna.

Meditación profunda sobre los valores y defectos del positivismo para las nuevas naciones de Hispanoamérica, esta carta-ensayo fue la respuesta a la que le enviara el chileno Juan Lagarrigue con la intención de convencerla de que fuera la escritora impulsora de esa doctrina en América Latina[11]. Si bien clara en su época, esta relación epistolar crea al crítico actual confusiones de diversa índo-

---

[11] *Carta sobre la religión de la humanidad dirigida a la señora doña Mercedes Cabello de Carbonera* (Santiago de Chile: Cervantes, 1892). Lagarrigue también respondió a la carta de Cabello en *Segunda carta a la señora Doña Mercedes Cabello de Carbonera* (Santiago de Chile: Imprenta y Librería Ercilla, 1894). Lagarrigue, uno de los más fuertes defensores del positivismo comteano, fue una figura muy interesante, sobre todo porque mediante su abundante correspondencia se puede conocer de cerca personalidades históricas como el rey Eduardo VII, el emperador Guillermo II, Ernst Haeckel, M. P. Kropotkin, el presidente americano McKinley, el zar Nicolás II, Leon Tolstoy, la reina Victoria o Emilio Zola.

le[12]. Por un lado, al ignorarse que él había iniciado la correspondencia, se popularizó la errónea creencia de que Cabello le había
escrito primero para ofrecerse como propulsora del positivismo en
Perú[13]. Por otro, y si bien dos estudios críticos más recientes sugieren en una primera instancia que se ha examinado el ensayo, las
interpretaciones indicarían lo contrario. El artículo analiza muy
brevemente, en dos páginas, las ideas de Cabello con la intención
de presentarlas como una mera imitación de las de Comte, incluso
en la locura que ambos padecieron[14]. El libro-biografía sobre Cabello realiza un análisis más detenido de la carta dando la impresión
por momentos que el autor ha consultado el ensayo[15]. Sin embargo,
el lector atento deshecha esta hipótesis por dos razones fundamentales: no se la incluye entre los muchos ensayos antologados y la
interpretación es muy confusa por el fárrago de opiniones brinda-
das como propias, cuando en realidad son nociones filosóficas de
Cabello, por las abigarradas informaciones sobre Lagarrigue,
Manuel González Prada o Unamuno, de los que sí se incluyen
extensas citas. Por lo tanto, es obvio que hasta ahora no existe una
justa valoración del brillante pensamiento que Cabello vertiera en
ese largo ensayo, un ensayo que debería haberse incluido en todo
estudio o antología sobre el positivismo en Perú o en América Latina, pero que jamás se ha hecho.

El extraordinario valor que encierra la carta de Cabello reside en
que es el único ensayo de una mujer que con gran acierto y lucidez

---

[12] *La Religión de la Humanidad: carta al señor D. Juan Enrique Lagarrigue* (Lima:
Imprenta Torres Aguirre, 1893). La copia que antologamos al final proviene del
original que se encuentra en el depósito de la Biblioteca Nacional de Irlanda sin
acceso al público.

[13] Un ejemplo de esta confusión se observa en el estudio "Mercedes Cabello
de Carbonera: estética de la moral y los desvíos no-diyuntivos de la virtud" (1987)
de Lucia Guerra Cunningham (*Revista de Crítica Literaria Latinoamericana* 26, 1987:
25-41).

[14] Ver Isabelle Tauzín Castellanos "El positivismo peruano en versión femenina: Mercedes Cabello de Carbonera y Margarita Práxedes Muñoz". (*Boletín de la
Academia Peruana de la Lengua* 27, 1996: 79-100).

[15] Ver *Sin perdón y sin olvido: Mercedes Cabello de Carbonera y su mundo. Biografía*,
2003, de Ismael Pinto Vargas.

trata temas esenciales para toda nación, como la política e ideologías, sistemas de gobierno y religión, guerra y paz, opresión y educación, tolerancia y solidaridad. Para comprender a cabalidad el alcance de las opiniones de la autora sobre estas cuestiones se debe partir de la carta recibida porque es el chileno quien las lanza al tapete de discusión. La carta-invitación de Lagarrigue se inicia con una crítica a todas las ideologías existentes hasta ese momento, comunismo, anarquismo, catolicismo, capitalismo. Los argumentos en contra de cada una de ellas son el punto de apoyo para explicar todos los beneficios que, según él, brindaría el Positivismo a las jóvenes naciones, incluyendo las ventajas de mantener a la mujer subyugada al hombre/Estado. Como corolario surgen las razones para considerar a Cabello como impulsora de la doctrina:

> Creo, señora Cabello, que está usted llamada a salvar innumerables almas, sobre todo entre el sexo amante, con la Religión de la Humanidad [...].
>
> Si llega usted, señora Cabello, a defender abiertamente con su brillante pluma la fe altruista, como todo me lo hace presumir y me complazco en esperarlo, realizará una obra tan indispensable como bendita gloriosa. No diré que ha de encontrar completamente expedito el camino de su apostolado positivista, pero usted sabrá superar los obstáculos presentando cada vez con mayor lucidez el espíritu santificante de la verdadera redentora de nuestra especie. [...] Mas usted, señora Cabello, interpretando con su ardorosa palabra la Religión de la Humanidad, tal vez ha de hallar luego decidida y entusiasta adhesión de parte del elemento femenino (34-37).

Este autor también le proponía a Cabello que se uniera a Marietta de Veintemilla para divulgar la nueva religión en la América Hispana. Pensando, ingenuamente, que si según el divulgado libro *Páginas del Ecuador*, su autora estaba de acuerdo con el sistema de gobierno favorito del Positivismo, la dictadura presidencial, también lo estaría con las ideas respecto a la posición de la mujer en la sociedad:

> Y me parece que había de tener usted probablemente de colaboradora a la distinguida escritora ecuatoriana huésped hoy de Perú. Esa

heroica mujer, de acentuadas tendencias a los más generosos ideales, alcanzaría la plenitud de su vida en el Religión de la Humanidad. Guiada por esta invencible doctrina podría aún reconquistar santamente al Ecuador de donde está proscrita por la retrogradación que allí prevalece actualmente (37).

Al igual que esta carta, Cabello también publica su respuesta con la obvia intención de despejar cualquier duda relacionada con las razones que la motivaron, como su posición ante el positivismo, y para dejar sentado su abierto rechazo a la invitación. Así principia la peruana su misiva: "No cumpliría debidamente con el amigo e ilustre colega, si no contestara por la prensa, a la carta pública (impresa en el folleto de 42 páginas) que con fecha 11 de abril de 1892 me dirigió Ud. desde Santiago de Chile; carta que ha obtenido en Europa y América la circulación y aplauso que merecen, la ilustre pluma de Ud. y el hermoso tema de que se ocupa" (3). A continuación Cabello comienza su proceso de razonamiento inverso al de Lagarrigue porque se inicia con el examen de los beneficios atribuidos al positivismo y luego expone con gran lucidez los aspectos que consideraba negativos. La crítica más aguda que le hace se relaciona con los pilares estructurantes de la sociedad bajo el Positivismo: la religión, la moral, la dictadura presidencial, la posición de la mujer y la del proletariado. Cabe señalar que en muchos momentos a lo largo de esta carta-ensayo se percibe una fina ironía, quizás para disfrazar la molestia que le podría haberle producido muchas de las afirmaciones del chileno:

> Confiésole, señor Lagarrigue, que mucho he vacilado antes de resolverme a darle pública contestación a su interesante carta; no por falta de entereza para discurrir y tratar sobre doctrinas que yo juzgo no solamente sublimes y morales, sino también capaces de abrirles nuevos senderos a las corrientes civilizadoras del porvenir; sino porque, más de un amigo y colega mío, juzgaban que sería peligroso herir la susceptibilidad del clero católico harto intransigente en cuestiones de este género. Pero yo que tengo alta idea de las sensatez del clero de mi patria, y veo que en países esencialmente católicos, como España, México y Chile, se escriben y se publican libros y artículos sobre estos mismos temas, creo y estoy convencida de que no había esa corpora-

ción de querer llevar el estigma de fanatismo e ignorancia, tan ajeno a las sociedades del siglo XIX (4).

Para enfatizar sus ideas, Cabello repasa con gran maestría, las circunstancias históricas del momento bajo la lupa de la política, moral, la religión y la historia doctrinaria del positivismo, señalando con precisión las diferencias entre los diversos movimientos según lo anotado en la carta-invitación y destacando los aspectos que considera efectivos en cada uno de ellos. Indudablemente, para Cabello, la época en que vivían se presentaba muy apropiada para el afianzamiento de una nueva religión, pero había que tener en cuenta, como dice más adelante, que su divulgación se realizara de otra forma, tal vez como para indicarle sutilmente que la función de apóstol ya no era necesaria:

> La iniciativa y difusión de las ideas [...] no es ya como en tiempos remotos, la misión individual de una sola personalidad; es más bien la obra espontánea y colectiva de muchas inteligencias y muchos corazones; es la inmensa labor en que entra a prestar un contingente, el periódico, el folleto, el libro, la palabra hablada. Pasaron ya para no volver las épocas en que los filósofos, los apóstoles, los enviados del cielo, caminaban seguidos por las multitudes y acompañados de sus discípulos perorando y predicando al aire libre, en plazas y lugares públicos.
> La difusión de las ideas, si bien es hoy más rápida y fácil que antaño, ella se opera mediante un largo y pertinaz proceso, por el cual nuestro espíritu llega al convencimiento después de haber pasado las ideas por el tamiz de la discusión y del aquilatamiento [...] (27).

De modo que Cabello expresa la certitud que las nuevas ideas ya no eran aceptadas ciega y fanáticamente por la acción directa de algunos esclarecidos, sino que ahora intervenía el pensar individual. Este cambio operado, demuestra la autora con su propio razonamiento, se debía, precisamente, al método cientificista que llevaba a cuestionar y sopesar las grandes afirmaciones. "Todos dudamos de todos", dice, agregando: "Y esta duda tiene ya sus raíces muy hondas; es el ciprés sembrado sobre la tumba de la Fe, muerta por la mano de los filósofos del siglo XVIII. [...] Hijos de una fe muerta, todos llevamos el signo de la orfandad!" (28). Esta

angustia existencial, que más adelante retomará César Vallejo y
que las une a nuestro siglo XIX, motiva su serio cuestionamiento de
la doctrina positivista. La presencia de una nueva religión era, para
Cabello, algo indiscutible a juzgar por ciertos signos observados en
su contexto histórico: "Hoy más que nunca déjase sentir la necesidad de una doctrina que en nombre de la Humanidad proscriba la
guerra, esa herencia fatal que, como marca ominosa, lleva nuestro
siglo" (18). Su intenso deseo de paz en el mundo sólo sería posible,
añade, si se estrecharan "los vínculos fraternales de las naciones,
llevándolas al convencimiento de que la civilización moderna no
debe reconocer más fronteras que las de la civilización contra el
salvajismo, de la justicia contra la usurpación" (18). Por lo tanto,
consideraba que también se debía purificar el imprescindible concepto de patriotismo, "ese sentimiento que hoy necesitamos enaltecer y estimular porque es el vigilante altivo y celoso de las nacionalidades", pero que se había sido "explotado por las malas pasiones
y compelido a guerras injustas y funestas" (18-19). Sólo una doctrina que fuera capaz de exaltar los aspectos positivos de los seres
humanos sería la que, según ella, se impondría definitivamente en
el mundo: "La paz perpetua entre las naciones será la última expresión que nos manifiesta que la fuerza ha sido dominada por la
razón, que el plomo le ha cedido el paso a la justicia" (19).

Intercalada con estas observaciones generales la autora esparce
ideas que revelan una notable y aguda capacidad de comparación
e interpretación del positivismo en el marco de la circunstancia histórica del mundo y con respecto a América Latina. Cabello exami-
na las características de la nueva doctrina que podrían o no asegu-
rarle el éxito en la región hispánica:

> Cuando Augusto Comte predijo que la nación española había de
> darle sus mejores apóstoles, acertó en cuanto a la índole afectiva y
> generosa del pueblo ibero; más no en cuanto a la posibilidad de que
> pueda ser la primera en esa iniciativa.
> La raza española es antigua y creyente; y por confirmaciones histó-
> ricas sabemos que la pureza de sangre es un elemento conservador, no
> un factor de progreso. Tanto más fija en sus creencias es una raza,
> cuanto es más antigua; tanto más apta para el progreso y más dócil a
> las innovaciones, cuanto es más cruzada. […]

Perdóneme pues, señor Lagarrigue, si le digo que, discrepamos en opiniones, por más que en este punto Ud. siga a Comte, cuando afirma ser más posible y hacedero, convenir o catequizar a un creyente católico, haciendo de él un ferviente positivista, que no a un escéptico materialista. Paréceme esto tan hipotético como afirmar que es más factible llenar de líquido un vaso que está completamente ocupado, que llenarlo estando vacío (9-10).

Cabello sugiere implícitamente que la pureza de raza y religión eran motivos de atraso para las naciones dado que cerraban la mente a las novedades en el afán de conservarlas limpias. Así destaca la ventaja de las sociedades mestizas de América Latina al estar inclinadas a aceptar ideas modernas ajenas: "En el Brasil ha caído un imperio y se ha levantado una República sin que este portentoso cambio costara una sola gota de sangre derramada en holocausto a las instituciones republicanas, regadas siempre con la sangre generosa de los pueblos en sus conquistas políticas" (18). Mediante este proceso de razonamiento ensayístico de afirmación y negación Cabello va edificando lenta pero sólidamente la plataforma para rechazar la doctrina. Cabe hacer notar que la fuerza y el empaque de sus ideas se deben también a las fórmulas de falsa amabilidad rayanas a la ironía que se deslizan por su afirmaciones: "Tal es, a grandes rasgos, la doctrina a favor de la cual, se propone Ud. en su elocuente y hermosa carta, inclinar mi voluntad para que yo consagre mi humilde pluma al servicio de su propaganda. Sin que esta carta importe un compromiso de mi parte, quiero manifestarle no sólo mi admiración y entusiasmo por sus principios, sino también mis dudas y las deficiencias que quizás por ignorancia encuentro en ella" (15). Cabello dudaba de las ventajas que le ofrecía el positivismo a los países latinoamericanos porque si bien proclamaba la paz, ella desconfiaba de una religión que se creía "definitiva e imperecedera": "Yo no soy de la misma opinión de Ud., Sr. Lagarrigue, cuando afirma que el positivismo es la Religión definitiva e imperecedera. Para aceptar esta afirmación de Ud. necesario era principiar por creer que el espíritu humano había de quedarse aquí, estancado e inmóvil eternamente" (22). La razón de su desconfianza se debía, por un lado, a que, como indica, toda religión resultaba de un proceso de evolución y síntesis de otras anteriores, según principios morales productos de la transformación de la sociedad en una etapa determinada. Por otro, esa permanencia anunciada reflejaba, para ella, otra suerte de conservadurismo, una inmovilidad social que impediría, precisamente, el ansiado fin de la injusticia (22).

En cuanto a la "utilidad práctica", como le llama Cabello, para la vida cotidiana de las naciones, el positivismo tampoco se mostraba para ella como la mejor doctrina para dirigir las relaciones entre los ciudadanos. Para probar estos opuestos argumentos, Cabello, como lo hiciera Marietta, hunde su examen en la historia universal para extraer, comparativamente, las razones para el influjo que ciertos pueblos y religiones habían ejercido a través del tiempo en los demás. Este ataque aparente a doctrinas del pasado, porque era posible conocerlas, tenía por objeto criticar, y rebatir a Lagarrigue, la alabanza ciega de las nuevas, como la Religión de la Humanidad, de las que ella recelaba porque, como no se las conocía, existía la posibilidad de caer en la trampa de aceptarlas (35). Uno de estos casos, decía Cabello en acuerdo con las afirmaciones de Juan Valera, era la moral del positivismo que no era otra que la del Cristianismo:

> Sí, ciertamente, la moral del positivismo es la misma del cristianismo, ni podía ser otra, toda vez que la moral es una sola, única en sus fundamentos e invariable en sus preceptos. La moral positiva como la cristiana, es la misma que hace más de dos mil años, enseñó Confucio y más tarde Buda; es la misma que enseñaron Epíteto, Sócrates, Aristóteles y Platón (30).

> El cristianismo, esa oscura secta judaica, llegó a ser grande y a dominar el mundo no por otra virtud que por su espíritu de caridad; y la caridad, que en el positivismo se llama altruismo, y en el socialismo se llama solidaridad, no es más que el espíritu de confraternidad, que es el eje de todos los movimientos benévolos del alma humana (26-27).

A pesar de los beneficios que el positivismo proponía, Cabello los encontraba muy sublimes como para que se cumplieran. En su opinión, era una filosofía de vida elitista porque daba prioridad al interés individual sobre el colectivo, representado en el apoyo de los grupos poderosos a dictaduras paternalistas como forma de gobierno, como explicara Lagarrigue en su carta:

> Pedimos la separación de la Iglesia y el Estado [...] la instalación de la dictadura republicana... y la abolición del régimen parlamentario [...] (19).

> La Religión de la Humanidad viene a incorporar de una manera digna y justa al proletariado a la sociedad. [...]Eso no implica la abolición del patriciado, más sí el que se moralice. [...] El orden industrial requiere de dirección y de ejecución que han de corresponder naturalmente, aquélla a los patricios, y a los proletarios, ésta. [...] El deber del rico es dar una destinación socialmente útil al capital que posea y velar por la suerte de los proletarios que le sirvan [...] (26).

Aquí se halla otro punto álgido del rechazo al positivismo por parte de Cabello porque no creía que el poder pudiera ser altruísticamente ejercido por una persona sin el balance de un congreso. Como reconocía que el choque entre los ricos e ilustrados y los pobres e ignorantes, era, y había sido siempre, el conflicto mayor de las sociedades, su interpretación le indicaba que tampoco la doctrina positivista lo iba a resolver. De aquí que afirmara vehementemente que: "¡Ah! Por desgracia la perfección ideal de una doctrina puede también ser grave inconveniente que la inutilice en su aplicación a la vida práctica. Y para no citar más que una de las deficiencias del positivismo que por exceso de sublimidad es inaplicable a nuestra condición social, me limitaré a la que se refiere a mi sexo" (39-40).

El positivismo, según Cabello, no favorecía la educación de los oprimidos, considerada por ella como el único medio para desarrollar plenamente las potencialidades humanas de todos que redundaría en el progreso real de las naciones. El ejemplo máximo de esta firme crítica era la situación en la que se hallaría la mujer dentro de la sociedad positivista, como bien lo indica Lagarrigue en su primera y segunda carta:

*Anexa a la cuestión proletaria y envuelta, por decirlo así, en ella, se halla
la cuestión femenina que es resuelta también satisfactoriamente por la Religión de la Humanidad.* [...] Su verdadera emancipación no consiste de
ningún modo en desempeñar los mismos oficios que el hombre, sino
en que participe de las condiciones de vida que le dejen ejercer amplia-
mente sus preciosas atribuciones de providencia moral. Tanto los trabajos teóricos como los trabajos prácticos tienden inevitablemente a
secar el corazón (28).

Realizando sólo labor moral, la mujer trabaja en el fondo, socialmen-
te más que los que hacen labor intelectual o labor material. *Las circunstancias de que no sea remunerable en dinero la obra femenina, es otra prueba de
su mayor dignidad sobre las demás (Segunda carta* 25) [Énfasis añadido].

Para Cabello, esta idealización positivista de la mujer significaba un atraso ya que la condenaba al hogar, la mantenía en una eterna esclavitud mental o sujeta a la institución del matrimonio al
impedírsele el acceso a carreras profesionales o trabajos que le pro-
porcionaran la independencia económica y le permitieran la participación activa en la sociedad. De aquí que insistiera en que "debemos rechazar enérgicamente todos los sistemas que alejándose de
la verdad, se proponen la exageración, ya sea idealizando o degradando al ser humano" (40). Es decir, Cabello se negaba a respaldar,
y a adoptar, una doctrina como base de la nación que excluyera, o
impidiera, la participación igualitaria de todos los sectores de la
población. Por eso, al igual que Marietta, buceó en la historia para
mostrar que la posición de la mujer no había evolucionado mucho
a través del tiempo (40-46). Según ella, se había pasado de la imagen de la mujer como un ser pecador bajo el catolicismo a la idealizada por el positivismo, "convirtiéndola en la única providencia
moral que el hombre reconoce" (40). Para ella, el cambio era opuesto sólo aparentemente ya que no se traducía en uno real:

No obstante, los que no queremos dejarnos seducir por utopías más
o menos bellas, percibimos este cántico de alabanzas, en loor a nuestro
sexo, la protesta de la Mujer respecto a su condición en que los positivistas la colocan. Es que ha en esa doctrina una punto [...] no, que es
una muralla levantada para condenarla a eterna minoría y a eterna
esclavitud.

El positivismo le veda a la mujer todas las carreras profesionales y todos los medios de trabajar para ganar por sí misma la subsistencia! Y es aquí donde la doctrina ha incurrido en un gravísimo error, resultándole que, no obstante sus generosas miras, ella no mejorará, sino más bien, afianzará la desgraciada condición en que hoy se halla la mujer en nuestras sociedades. Es cierto que el positivismo instituye la obligación para el hombre de mantener a la mujer y caso –dice– de faltar el esposo, el padre o el hijo, tal obligación corresponde al Estado. Es decir, que se la considera en el número de los incapaces o menores, faltosas de toda aptitud para sostenerse a sí mismas (46).

A raíz de esta firme posición del positivismo la mujer continuaría siendo legalmente un oprimido más y, como tal, no disfrutaría más que de la mitad de su humanidad porque legítimamente sólo tendría deberes pero no derechos, como detalladamente explica en su carta (46-51). Según Cabello, una doctrina que permitiera que el Estado condenara a la opresión a la mayoría de los ciudadanos no podría conducir a la nación al progreso total y pleno. Porque al hacerlo, señala con ironía Cabello, se presentaría como un juez que arbitrariamente seleccionaba a los mejores sin justos criterios: "He aquí, pues, desvirtuada y controvertida la gran ley de *selección* por medio de la cual los organismos se perfeccionan, ascendiendo en la gran escala de los seres; ley suprema, base fundamental del perfeccionamiento humano, al que con tanto anhelo persigue la Religión de la Humanidad" (50) [Énfasis en original]. Por lo tanto, ella, como convirtiéndose en el portavoz del manifiesto de las mujeres para propagador de sus derechos, declara con firmeza que:

Al contemplar en las páginas de la Historia la vida de esa mitad del género humano; al considerarla, ora esclavizada y feliz; ora prostituída y embrutecida, o bien anonadada y esterilizada en sus fuerzas físicas y morales, *parécenos escuchar la voz tremenda de la conciencia humana que, personificada en la de una mujer, se dirige a las sociedades modernas para decirles: "Soy ciudadana de mi patria y si tengo deberes, debo también tener derechos; formo parte de la vida y soy miembro de la sociedad: mis fuerzas físicas, como mis fuerzas intelectuales, son suficientes para sostener mi propia existencia; me condenáis a la pasividad inactiva y a la minoría vergonzosa, que es la esterilidad física y moral; y os digo que he enriquecido con*

*mi trabajo el caudal de las fuerzas industriales, y con mi inteligencia, el cau-
dal del saber humano [...]".*

*"Hasta hoy he vivido sin poder respirar el ambiente de la libertad, que for-
tifica el espíritu y ennoblece los sentimientos. Mi porvenir ha dependido de la
elección, siempre injusta y caprichosa, que los hombres hacen de una esposa, y
mi felicidad, de sus pasiones versátiles y brutales. Nada debo esperar de los
hombres; [...] El derecho de la mujer es la razón guiando a la justicia; es la
debilidad tomando asiento entre los fuertes".*

*Así hablará un día la Mujer y la revolución pacífica que, al emanciparla de
todas las esclavitudes, inclusive de su ignorancia y su obligada prostitución,
se realizará indefectiblemente* (52-53) [Énfasis añadido].

La opresión legal de la mujer se correspondería con la de otros
sectores de la población. El apoyo que el positivismo brindaba a la
dictadura presidencial, así como la posición adjudicada al proletariado, fueron otras razones para que Cabello, alejada del ejercicio
político activo, lo rechazara como doctrina cimiento de la nación
hispanoamericana. Si bien ella aceptaba, como afirmaba Lagarrigue en su carta, que la mayoría de los congresistas eran inservibles,
corruptos, sin ilustración ni talento, no se debía juzgar el papel de
los mismos en congresos de gobiernos de nuevas repúblicas como
las de América Latina, sino que había que verlos en otros:"estudiémoslo en países más antiguos y por consiguiente más organizados
que el nuestro, como la Suiza en Europa, o los Estados Unidos en
América, *donde el régimen representativo es la expresión de la democracia, que quiere que el gobierno del pueblo por el pueblo mismo*" (56)
[Énfasis añadido]. Por lo tanto, ella, revelándose eminentemente
demócrata y creyente en el balance de poderes, rechazaba con
vehemencia la presidencia dictatorial porque el poder "en la mano
de un sólo hombre es un arma terrible puesta a la merced de sus
pasiones", ya que, y citando a un gran estadista francés, creía que
las repúblicas "no perecen nunca, más que por la usurpación de un
solo hombre, de igual modo que las monarquías no caen sino por
la acción de las masas populares" (57). Y, a pesar de que todavía no
hubieran dado buenos resultados en tierras americanas, no dudaba
de que era el pilar correcto de la nación y apoyara la existencia del
congreso: "*El poder dividido entre grupos bien organizados, equilibra las*

fuerzas del organismo político, del mismo modo que en el cuerpo humano equilíbranse los movimientos por grupos de nervios y tendones" (57) [Énfasis añadido]. Para probar sus juicios, Cabello repasa la situación de países como Argentina, Paraguay, Bolivia o Ecuador bajo el poder de dictadores como Rosas, Francia, Linares, Balmaceda o García Moreno y concluye que:"El gobernante que carece de leyes que restrinjan sus ímpetus voluntariosos o refrenen sus pasiones excitadas de continuo por la adulación y el esplendor que le rodea, desconoce fácilmente la distancia que existe entre la verdad austera y la mentira aduladora, entre lo justo y lo injusto, y sólo encuentra por norma su voluntad, muchas veces dominada por seres pequeños y vulgares" (60). Ante estas disímiles posiciones, Lagarrigue vuelve a insistir en su *Segunda carta* sobre lo que él consideraba los beneficios políticos del positivismo:

> Me parece que usted opina de ese modo porque no se coloca, esta vez, en el verdadero punto de vista político. [...] Bien mirado, un dictador tiende a gobernar con más rectitud que un congreso. [...] El proletariado quiere incorporarse en la sociedad, y no divisando el medio para hacerlo pacíficamente contra tantos obstáculos como se le oponen, lo pretende con insensata violencia. [...] *A fin de remediar esta funesta situación, es indispensable el establecimiento de la dictadura republicana que implante una política verdaderamente social, basada en un orden inconmovible así nacional como internacional* (35) [Énfasis añadido].

A pesar de la insistencia, Cabello no altera su opinión ni cambia su posición. En su ensayo establece sin lugar a dudas que favorecía un gobierno republicano y demócrata por ser la única forma política que asegura la participación igualitaria de todos los ciudadanos.

En consecuencia, para ella, el positivismo y su Religión de la Humanidad no podrían consolidar estos principios en ninguna nación, sobre todo porque significaba opresión por el autoritarismo paternalista que apadrinaba y por la posición asignada a la mujer y a los trabajadores. Estos graves defectos no llevarían a la paz entre las naciones dado que mantendría a los ciudadanos en un estado de perenne descontento. No obstante estas duras críticas y el rechazo a la invitación, Lagarrigue no abandona su cruzada para convencer a Cabello mediante los renovados argumentos de la mencionada *Segunda Carta* de 1894. En la misma insiste en su ofrecimiento y en los beneficios del positivismo, sobre todo en referencia a los puntos más atacados por Cabello, mientras que se confirma que Marietta también se había negado a promover la doctrina por las mismas razones:

> Debe tal vez de parecerle escuchar como un reproche del positivismo por la labor que Ud. hace, cual se fuese irregular y antifemenina. Coincide con Ud., a ese respecto, la heroína Marietta de Veintemilla. [...]
> Ilustre señora Cabello: si usted le prestara al positivismo su entera cooperación, si se tornara, en una palabra, decidido apóstol altruista, cumpliría usted con su verdadero destino y realizaría una gran misión: pero no para invitar entonces a su sexo a la vida pública directa, sino a elevarse en el hogar doméstico hasta su debido rango de providencia del mundo (20-21).

La firme negativa de Cabello a ser la impulsora del positivismo como doctrina de base para los países de América Latina confirma sus claras ideas acerca de su visión de futuro para los mismos. Su rechazo reafirma, además, las razones para su notoria trascendencia en la vida intelectual de su momento histórico. Munida de argumentos propios, y a pesar de los valores que el positivismo poseía para el progreso de las sociedades, no dudó en alzarse en contra de muchos de sus postulados, hecho que corrobora su actitud de librepensadora y de inestimable ejemplo de profesionalidad para las generaciones futuras. No obstante este innegable valor de la carta-ensayo de Mercedes Cabello de Carbonera para su momento como para el nuestro, las ideas en él vertidas han permanecido encubiertas a los estudiosos del tema. Su ensayo es el más brillante sobre el tema producido por una pluma femenina y tal vez uno de los mejores entre los escritos en América Latina sobre el positivismo. La importancia proviene no sólo de la claridad de su exposición, sino también del balance perfecto entre ideas y estilo, de ese practicar de la justicia con su prédica. Quizás el aspecto más notable, y el que le otorga el valor actual, es el intenso deseo de Cabello de hallar una religión que realmente uniera a los ciudadanos del mundo, hecho que rinde su carta-ensayo en un manifiesto humano, hoy en día, más poderoso y atractivo que nunca.

Observándolas desde hoy, parecería que Marietta y Cabello hubieran evolucionado y se hubieran encarnado política e intelectualmente en la figura de Luisa Capetillo (1879-1922), cuya vida personal y literaria también es muy singular. Hija natural de una francesa y un español, Capetillo crece en el ambiente obrero proletario de las azucareras y tabacaleras del Puerto Rico decimonono. Si bien recibió la escasa educación formal que se acostumbraba a dar a las mujeres de su época, la misma fue completada gracias a la sed de conocimiento que poseían sus padres. Estos, influenciados por las ideas revolucionarias y las nociones de los derechos del ciudadano y de la mujer, propias de la Europa del siglo XIX, ampliaron la educación de Luisa en el hogar y en escuelas privadas. La madre le legó la influencia de las ideas de la escritora George Sand, como las del culto a la naturaleza humana y a la libertad del individuo, que fueron las que moldearon la vida de Capetillo al punto de que en muchas ocasiones durante su vida fue comparada a dicha figura de las letras francesas. De la relación de tres años con un amante de holgada posición económica tuvo dos hijos a quienes protegió, sobre todo a la hija, a quien dedicó muchos de sus escritos. Inicialmente comenzó a trabajar en la industria de la aguja, pero pronto Capetillo se convirtió en "lectora" de una tabacalera y más tarde en líder sindical de su ciudad natal Arecibo, la más progresista de Puerto Rico en cuanto a organizaciones obreras. Así comenzó la labor política que se continuó con participaciones en congresos de obreros, en constantes giras sindicales, organizando agrupaciones proletarias o predicando el anarquismo como agitadora de la Federación Libre de Trabajadores. Estas experiencias de vida se sumaron a interminables lecturas de las obras de Víctor Hugo, Zola, Tolstoy, Flammarion, Kropotkin, Stuart Mill, Balzac, Flaubert, Malatesta o Bakunin, haciéndose una vasta cultura de las que brotaron ideas muy propias. En 1912 Capetillo se trasladó a Nueva York luego a Ibor City en Tampa en 1913, donde ejerció influencias en la comunidad hispana de las tabacaleras mientras escribía para diferentes periódicos. Más adelante viajó a La Habana, donde se unió a los tabacaleros y a los líderes de movimientos anarquistas y donde se la detiene por vestir ropas de hombre, práctica que continuó el resto de su vida. Regresó a Puerto Rico, viajó a la República Dominicana, pero sin abandonar nunca su empeño para fundar una Escuela Granja para niños desamparados. Murió de tuberculosis unos años más tarde[16]. De este agitado conglomerado de vida política y amorosa, de viajes y lecturas ideológicas nace el estilo muy singular de la obra de Capetillo, un estilo batallador, ya que en él, la discusión doctrinaria se combina con la oralidad, el drama, las cartas íntimas y el panfleto político. Las extensas obras que nos deja son *Ensayos libertarios* (1907), *La humanidad en el futuro* (1910), *Mi opinión* (Sobre las libertades, derechos y deberes de la mujer como compañera, madre y ser independiente) (1911) e *Influencias de las ideas modernas. Notas y apuntes. Escena de vida* (1916). La abigarrada combinación estilística se reitera en el contenido ya que la autora iba definiendo sus planteamientos paralelamente a su vida, rasgo que otorga a sus obras un carácter de "obra en marcha" porque el pensamiento que se va clarificando y profundizando. De aquí que, y limitándonos al tema de la nación en la obra de Capetillo, debamos incursionar primeramente en ensayos de *Mi opinión* para comprender la condensación que representa *La humanidad en el futuro*, obra que no ha recibido la merecida atención crítica.

Como es obvio, la gran diferencia con Marietta y Cabello reside en la perspectiva desde la cual Capetillo observa el mundo, la del ambiente proletario y por sus ideas más radicales. Para ella la nación tenía que ser re-construida totalmente, desde abajo y previa abolición del Estado, mediante el esfuerzo de la clase obrera organizada y actuante. Esta idea que domina todo su pensamiento estaba sedimentada firmemente en la ideología anarquista, también *sui*

---

[16] Existen numerosos estudios que presentan en detalles la vida y logros de Capetillo, como los de Norma Valle, *Luisa Capetillo* (1975) y *Luisa Capetillo. Historia de una mujer proscrita* (1956), y muchos otros que estudian su participación política dentro del marco del movimiento feminista, como *A Nation of Women: an Early Feminist Speaks Out* (2004) de Felix Matos Rodríguez, *The Story of Luisa Capetillo, a Pioneer Puerto Rican Feminist* (2000) de Norma Valle o *Luisa Capetillo 1879-1922* (1986) de Amílcar Tirado y Nélida Pérez.

generis porque era un socialismo ácrata combinado y confundido con el espiritismo y el catolicismo, todos marcados por un idealismo que impulsó tanto su obra escrita como su actuación política. Esta hibridez ideológica es confesada reiteradamente en sus escritos. Así lo hace en "Mi profesión de fe": "*Socialista soy, porque aspiro a que todos los adelantos, descubrimientos e invenciones establecidos, pertenezcan a todos, que se establezca su socialización sin privilegios.* Algunos lo entienden con el Estado, para que regule la marcha, yo lo entiendo sin gobierno. No quiero decir que me opongo a que el gobierno regule y controle las riquezas, como lo hará, pero yo mantengo mi opinión de sentirme partidaria decidida del no gobierno. Socialismo ácrata" (*Mi opinión*, 163) [Énfasis añadido][17]. Como ejemplifica esta confesión, Capetillo también proporcionaba extensas explicaciones que demuestran que en ella prevalecía la voluntad de enseñar, de instruir, de hacer de los obreros, sus lectores, ciudadanos de la nación. Esta concepción del socialismo contiene, arracimadas, todas sus creencias políticas y religiosas:

> Está en un error el que se crea socialista y acepte los dogmas, ritos y prácticas fanáticas de las religiones, pues el socialismo es la verdad y las religiones impuestas son errores.
>
> Está equivocado el que se crea socialista y es ateo, escéptico o materialista.
>
> *El socialismo no es una negación, ni una violencia, ni una utopía. Es verdad real y tangible.* [...]
>
> El socialismo está en el luminoso cristianismo que socavó los cimientos del poder de los Césares, por la fraternidad. Y la fraternidad universal será la implantación del socialismo que es abnegación, dulzura, modestia, templanza, "uno para todos y todos para uno". Seguros escalones que conducen a la perfección humana, para la libertad y el progreso espiritual indefinido, por la pluralidad de mundos habitados superiores.
>
> *Instrúyamonos para la purificación, eduquemos nuestra voluntad para el ejercicio del bien y dejemos consumir bajo el influjo de la razón, el fuego de las*

---

[17] Todas las citas provienen de la versión original de *Mi opinión* (New York: The Time Publication Company, 1911).

pasiones, en holocausto a la emancipación humana, para la persecución del
progreso espiritual (Mi opinión, 164-165) [Énfasis añadido].

De estas opiniones se desprende la imagen de un socialismo
heredero de la práctica religiosa de Jesús en su paso por el mundo
que le hacía preguntarse: "¿Cuándo Cristo oyó misa? Eso fue
inventado después, eso es inútil. ¿Cuándo comulgó, como predican los romanos? ¿Cuándo adoró imágenes, como lo practican los
paganos modernos? ¿Cuándo?" (95). La religión tal y como se practicaba en esos momentos había sido una creación humana, hija
sometida a las apariencias exteriores y engendradora del fanatismo, ambas combatidas por Capetillo aspirando a mejorar verdaderamente la interioridad. De aquí parte su creencia en que la sociedad ideal no era una meta fija a la que se llega, algo externo al ser
humano, sino interno y movible que se alcanzaba sólo después de
que los seres se perfeccionaran y mantuvieran la perfección
mediante una constante renovación individual y colectiva. Por lo
tanto, la educación, la instrucción, era para Capetillo, la única ave-
nida posible puesto que implicaba el uso de la razón cuyo firme
ejercicio brindaría el progreso espiritual de la especie humana y el
material de los pueblos: "*La instrucción es la base de la felicidad de los*
pueblos" (*Ensayos Libertarios*, 5) [Énfasis añadido]. Así se entiende el
testamento ideológico que le hace a la hija en el ensayo "A mi hija
Manuela Ledesma Capetillo", con la intención de enseñarle a ser
un ser humano pleno que eduque a los jóvenes:

Lo único que deseo y espero de ti, *es que seas una buena humana, no*
una cristiana de rutina, no. Una intérprete de las máximas de Jesús, sin oir
misa, sin confesar ni comulgar, ni aceptar ninguna clase de errores, *ni*
mentiras de las absurdas religiones materializadas.
  En vez de oir misa, visitas a los pobres y socórrelos, que podrás hacerlo; en vez de confesarte y comulgar, *visita a los presos* y llévales consuelo, algo que los instruya. No olvides que los que abundan en las cárceles y presidios con los pobres e ignorantes, *las víctimas de siempre de*
toda explotación. […]
  Procura tú ayudar con la práctica a la realización de estas hermosas
ideas humanas para que no perezcan d hambre y de fruto los infelices
que no tienen hogar, ni riquezas, en los tristes portales de alguna

cochera o pesebre, o de algún palacio [...] ¡qué irrisorio! ¡Qué humanidad! A dos pasos de opípara mesa y de ricos y abundantes abrigos, perecer de hambre y de frío [...] (81-83) [Énfasis añadido].

Si bien por un lado le trasmitió a su hija la fe en la educación para hacerla ciudadana de la nación que ella soñaba, por otro, la misma Capetillo trató de llevarla a la práctica mediante el ejercicio de una verdadera fraternidad, anarquista pero *sui generis*, idealista, podríamos pensar, sin alejarse jamás de la realidad en la cual luchaba. Y aquí llegamos al modo que Capetillo pensaba materializar ese sueño:

> *De qué modo podremos llegar a realizar esas ideas, si los explotadores no aceptan tales innovaciones ni se ocupan de remediar estas miserias [...].*
>
> *Las instituciones religiosas han ayudado a fomentar esos privilegios y división de clases. Si los trabajadores no logran destruir los privilegios de castas, razas, jerarquías,... entonces la revolución lo hará. Muchos temen a la revolución. Pero no hay como pertenecer a ella para que el miedo se evapore. [...]*
>
> *Porque hay que suponer que la revolución social no será una asonada de tiros, por sorpresa (Mi opinión, 86) [Énfasis añadido].*

La creencia en la revolución pacífica mencionada a menudo por Cabello de Carbonera, se hace central en todo el pensamiento de Capetillo al creer que el cambio provenía de la previa transformación del ser humano para luego cambiar su realidad. De aquí que admirase tanto a Tolstoy por haber sido un aristócrata que se convirtió a la causa del proletariado, admiración que testimonia recreando su vida en el drama "La influencia de las ideas modernas". Según Capetillo, esta transformación de la sociedad a favor del proletariado se daría cuando se eliminara también el poder terrenal de la iglesia. Como lo admite por doquier, ella era duramente anticlerical, aunque profundamente religiosa, como hemos visto. Por un lado, afirma vehementemente que el ser humano no debía ser esclavo de ningún dogma, principalmente el de la religión católica, ya que la hipocresía de "los de negras sotanas" era la que perpetuaba la explotación de los trabajadores al favorecer el enriqueci-

miento de los burgueses. De modo que la cuestión religiosa se
hallaba también en la base de su ideario como parte vital de la
revolución pacífica que mestizaba su anarquismo. A diferencia de
los anarquistas que defendían el ateísmo, Capetillo creía en un cristianismo verdadero, el de Jesús, cuya vida debía de imitarse. No
obstante, también era espiritista, como la Marietta de los últimos
años, aunque también con un sentido muy propio, al creer en la
facultad del ser humano para hacer y dirigir su destino:

> Soy creyente de la diversidad de existencias. Pero dicen muchos
> que los espiritistas y anarquistas son distintos. Y muchos no quieren
> aceptar que la anarquía y el espiritismo sean idénticos en el fin que
> persiguen. [...]
> Hija mía, escoge, analiza, reflexiona, ¿quiénes son más razonables?
> *Los espiritistas se atreven a decir al hambriento, al pordiosero:"Hay que tener*
> *paciencia, no sabemos qué hizo usted en la otra existencia". Los anarquistas le*
> dicen: "Estúpido, usted se degrada, se siente inferior a los demás y después de
> *una existencia de trabajo se ve usted obligado a pedir? Pues antes de llegar a*
> *ese estado, reclame sus derechos. [...]*
> *Yo acepto todas las misiones habidas y por haber, pero cuando hay desnu-*
> *dos y hambrientos, protesto* [...] (*Mi opinión*, 91-95) [Énfasis añadido].

Capetillo veía a los anarquistas como los que proponían la necesidad de una urgente toma de conciencia que llevara al cambio
mediante la acción. Por el contrario, los espiritistas de ese momento veían la clase social como una consecuencia de la vida anterior
de cada ser, que explica la actitud pasiva que tendía al conformis-
mo y que los hacía aceptar como la iglesia católica, sin protestar
ante tales diferencias sociales. La creencia en la voluntad divina
implicaba el tener que orar para pedir que se cumpliera un deseo
humano, hecho que Capetillo rechazaba por creer en que los seres
humanos se hacían el destino propio:

> Me atrevo a asegurar que la oración es inútil [...] Y además ¿con
> qué fin esto de la oración? ¿Para pedir algo? Entonces todos tienen
> derecho a pedir y a que se les conceda. [...] Y los estudiosos y observa-
> dores científicos, como Edison, no es la oración a la que deben sus
> inventos y descubrimientos. Newton, Fulton, Galvani e infinidad de

investigadores, no fue rezando que obtuvieron sus descubrimientos. [...] Del grupo que no rezan ni invocan han salido los adelantos y descubrimientos más hermosos y necesarios a la humanidad" (108-109).

A raíz de reflexiones como éstas Capetillo también se crea para sí misma una religión muy especial. El espiritismo de Capetillo era la creencia en la fuerza del espíritu de una persona para obtener todo lo que deseaba, ya sea como individuo o en su suma, la colectividad:

> Nunca, jamás he pensado, cuando he concebido algún proyecto, que no podré hacerlo. [...] Es decir, yo practicaba sin saberlo, por conocimiento innato en mí, la fuerza mental, misteriosa e invisible en pro de mis empresas. Yo deseo una cosa y solamente con desearla con tenacidad me proporciona la satisfacción de tenerla. [...]
> He aquí por qué cuando se piensa o se propone llevar a cabo un proyecto debe inmediatamente ponerse en práctica, llevarse a ejecutar sin temores, ni rodeos, porque se pierde la decisión y no hay igual firmeza. [...]
> ¡Esto hay que sentirlo! Sí, sentir el deseo vehementísimo, de realizar, lo que está en la mente formado ya, y que nos impulsa a verificarlo (*Mi opinión*, 97).

Esta manera tan singular de verse y de ver al mundo, de confiar en si misma para actuar y cambiar la sociedad y la nación, se completa con sus ideas en cuanto a la posición de la mujer. En este sentido, Capetillo sigue claramente los postulados del anarquismo al rechazar toda atadura legal que proviniese de las leyes creadas por el Estado, como las de la educación y las del matrimonio. De aquí que fervientemente predicase el amor libre, sin ataduras legales como ella mismo lo hizo, como única forma de tener relaciones naturales, sanas, sin el peso que el matrimonio representaba para la mujer. Esta necesidad de liberar a la mujer era consecuente con el valor de la educación para obtener la independencia mental que reafirmaría la económica.

De las experiencias educacionales y vivenciales emana el aspecto menos estudiado de su pensamiento: el de la utopía[18]. Este tema

---

[18] En el libro *Amor y anarquía. Los escritos de Luisa Capetillo* (1992), Julio Ramos se refiere sólo brevemente al tema de la utopía.

es esencial dentro del ensayo latinoamericano, desde sus comien-
zos en la época independentista, porque se relaciona directamente
con el de la nación, la preocupación fundamental de ensayistas, a
juzgar por el ideario de Bolívar, Bello, Sarmiento, Lastarria, Martí,
Hostos, Rodó, González Prada, Mariátegui o Henríquez Ureña. De
sus ensayos se proyecta la voluntad de interpretar el concepto
europeo de nación para entender el pasado propio y poder así vislumbrar posibles direcciones de futuro, aún en el Puerto Rico
carente de independencia. De aquí que la visión de Capetillo sea
fundamental, porque rellena el vacío femenino que existía. Pero
para ella, como para otras pensadoras, una nación no sería moderna mientras excluyera a la mayoría de sus ciudadanos de la sociedad y de las cuestiones de gobierno. Sus ideas convergen en *La
humanidad en el futuro* (1910). Si bien esta narración utópica es una
más entre las que florecieron en el decimonono y en los albores del
XX, es, hasta la fecha, la única imaginada por una mujer en la América Hispana[19].

El ambiente propicio para narraciones utópicas durante el siglo
XIX y principios del XX se debió al auge del socialismo utópico y
científico y al anarquismo, impulsados por un amplio espectro de
intelectuales rectores, desde Saint Simón, Fourier, Owen, Considé-
rant, Proudhon, Blanc, Bakunin, Kropotkin, Victor Hugo, Renan,
Carlyle, Stuart Mill, Mazzini hasta Engels y Marx. El ferviente
anhelo de justicia motor de estos planteamientos encandiló la imaginación de muchos escritores durante el decimonono resultando
en infinidad de obras que creaban sociedades utópicas mediante la
invención de diversos mecanismos de existencia[20]. Pero las mismas
confirmaron, como en la época de su nacimiento, que la característs-

---

[19] Muy posteriormente, la otra mujer que ha dado narraciones utópicas es la
estadounidense Ursula K. Le Guin (1929), aunque sus obras, como la sociedad
anarquista perfecta imaginada en *Dispossessed* (1974), caen dentro del género de la
ciencia ficción.

[20] Entre las más conocidas durante esta época se hallan: *Erewhom* (1872) de
Samuel Butler, *Voyage en Icaria* (1842) de Étienne Cabet, *The Diothas* (1883) de John
Mac Nie, *Looking Backward* (1888) de Edward Bellamy, *News from Nowhere* (1890)
de William Morris y *A Modern Utopia* (1905) de H. G. Wells.

tica fundamental era la de no existir en ningún lugar. Este hecho, afirma Darko Suvin, justifica que su realidad sea sólo la literaria, que pueda existir sólo en la ficción (126)[21]. No obstante, la realidad concreta, aclara también este estudioso, siempre está implícita en la literaria ya que ésta se presenta como un perfeccionamiento de la del autor, como una prueba de su deseo de encontrar modos de obtener la justicia y la felicidad huidiza de los seres humanos de carne y hueso (123). Aquí reside, sostiene por su parte Northrop Frye, el valor y popularidad de las narraciones utópicas con los lectores ya que, al reconocer las denuncias del autor en cuanto a los graves defectos de la sociedad que cohabitan, se identifican con los reclamos de mejoramiento (38-39)[22]. Esta identificación con denuncias y reclamos es una de las razones para que los autores se ganaran acérrimos enemigos políticos y eclesiásticos. Sin embargo, la imposibilidad de materialización en la realidad concreta se debe al estatismo que domina la ficción utópica. George Woodcock atribuye este estatismo que la proscribe del mundo real a que "cada conflicto ha sido eliminado, cada problema social ha sido resuelto y la sociedad está congelada en una cristalina estabilidad" (81)[23]. Este hecho se debe, explica Frye, a que la élite que controla la vida en dichas creaciones ficticias se vale de lo que él llama "dispositivos de seguridad" para evitar toda alteración del funcionamiento, condenándola al inmovilidad y, por lo tanto, a la existencia sólo literaria (31).

En la América Hispana, región utópica por excelencia, el género literario sufre una alteración que se convierte en el sello propio. Como la región se presentaba como un espacio y tiempo abierto, los europeos quisieron concretar sus anhelos de felicidad para todos mediante la idea de fundar sociedades sin los defectos que poseían las suyas. No obstante el reconocido fracaso, la semilla

---

[21] "Defining the Literary Genre of Utopia: Some Historical Semanties. Some Genology, a Proposal and a Plea" (*Metamorphoses of Science Fiction*, New Haven, 1979: 121-145).

[22] "Varieties of Literary Utopies" (*Utopias and Utopian Thought*, Frank E. Manuel, ed. London: Souvenir Press, 1973: 25-49).

[23] "Utopias in Negative" (*Sewanee Review*, 64, 1956: 81-87).

sembrada es fértil productora de nuevos proyectos utópicos crio-
llos. Es decir, de utopía concreta[24]. Los ejemplos más sobresalientes
en el siglo XIX hispanoamericano son *Colombo* de Miranda, *Las Casas*
de Bolívar y *Argirópolis* de Sarmiento[25]. Esta inclinación al anclaje
en la realidad concreta caracteriza todo intento ensayístico posterior y hace que las obras tengan gran aceptación entre los lectores
ya que se sustituye el estatismo característico de las utopías ficticias por la esperanza real, esa posibilidad alcanzar la transformación y la felicidad de todos los seres humanos. Basta recordar las
ideas que Rodó vierte en su *Ariel* (1900), que revela fuertes tintes
utópicos absorbidos, tal vez inconscientemente, de las ideologías
existentes. La estrecha vinculación con la realidad, aún si fuera la
identitaria de la región, explica el colosal impacto de su obra, sobre
la que más tarde José Vasconcelos asienta *La raza cósmica* (1923).
Por otro lado, esa fidelidad a la realidad futura como posible se
confirma por el escaso éxito de *La ciudad anarquista americana* (1914)
de Pierre Quiroule, por su clara pertenencia al subgénero de la
ciencia ficción.

Si bien la influencia de los modelos anarquistas es bien visible
en *La humanidad para el futuro*, también es obvio, como veremos,
que posee las características de las narraciones utópicas latinoamericanas[26]. Esta obra es la visualización de un modelo elevado de
sociedad, según los postulados rectores del anarquismo, para
reconstruir la nación desde abajo, a partir del perfeccionamiento
humano de los obreros mediante la educación, que se presenta
como el mecanismo para asegurar la existencia futura. Quizás

---

[24] Para un análisis comparativo detenido de las narraciones utópicas, véase
nuestro estudio "El concepto hispanoamericano de utopía: la utopía concreta"
(LA CHISPA '93 Selected Proceedings, Gilbert Paolini, Ed. New Orleans: Tulane
University Press, 1993: 56-64).

[25] Tal vez debamos recordar aquí el más potente intento de utopía concreta del
siglo XIX, el de la comunidad de Antonio Conselheiro en Brasil, cuya existencia,
significación y eliminación han sido excepcionalmente narradas por Euclides da
Cunha en *Los sertones*, obra publicada en 1902.

[26] Por un estudio detenido de las utopías anarquistas, véase *As utopias anarquistas* de Flavio Luizetto (São Paulo: Brasiliense, 1987).

escrita para mantener el ánimo de los obreros mostrándola como la
meta hacia la que se avanzaba en la lucha, esta narración de Capetillo revela diferencias con otros modelos utópicos al estar aferrada
a la realidad temporal y espacial. No es una ciudad, ni se dan pla-
nos edilicios porque se apoya en la comunidad existente, rasgo típi-
co del utopismo criollo, para que se observen los cambios opera-
dos. No existe ningún mecanismo exterior de poder o científico
que la haga funcionar ya que la perfección se basa sólo en la transformación humana interior del ser que abandona sus metas indivi-
duales en aras de las colectivas. En este sentido, puede verse cierta
similitud con la sociedad ideal cristiana y con la imaginada por el
positivismo, aunque la diferencia reside en que en éstas el control
estaba ejercido fuertemente desde arriba, ya fuera por la iglesia o la
clase poderosa. Por el contrario, en la capetillana, no son los intelectuales, ni los clérigos, ni los burgueses los que se transforman,
sino que son los obreros que transforman a la sociedad mediante
una revolución pacífica del pensamiento y acción para convertir
luego a los demás:

> Tenían un local con una máquina de hacer calzado, con la cual se
> proveían a los demás y cada semana el encargado era diferente, para
> que no hubiera atrofia de organismos, y el que atendía la panadería,
> pasaba a la zapatería y al depósito de ropa, y a la imprenta, a cada uno
> de los diferentes locales; además tenían algún terreno, en el cual iban
> todos a labrar la tierra y a cosechar el grano y legumbres. Habían escri-
> tores, artistas, periodistas, abogados, científicos, médicos y todos
> aprendían a cultivar la tierra. [...]
>   El abogado se hallaba muy feliz y cada día más elocuente orador, el
> escritor y el artista, se sentían fecundos y más prodigiosos en el arte. [...]
>   No se obligaba a nadie a ir a un oficio que no fuera de su agrado,
> pero el deseo de igualdad los impulsaba a contribuir a la fecundación
> del bien común. El abogado, como una oración, hacía uso de la pala-
> bra y hacía una comparación de cuando iba al foro a presentar defensa
> o acusación contra todos los fallos injustos que el jurado imponía, y
> decía que bendecía el día en que se presentó a defender las leyes de la
> comunidad. [...] El artista hacía una descripción bellísima de un futu-
> ro cuadro [...] [que] iba al salón general. Sentían por los poetas y artis-
> tas, gran cariño [...].

El escritor iba tomando nuevas ideas, y recogía deliciosos datos para una novela que iba a publicar que aumentaría la biblioteca en común (6-8).

Esta sociedad nueva es incluyente ya que da cabida a todos por igual. La meta era la felicidad aún no alcanzada en la realidad:

> De modo que todos estos comunistas [comunitarios] tenían aseguradas sus existencias, por el trabajo en común, y disfrutaban de una felicidad completa. Porque, además de esto, hay que advertir, todos tenían familia y habían hecho un pacto entre la comunidad en el cual autorizaban mutuamente a tomar entre ellos a los jóvenes de ambos sexos, para formar familia, sin autorización de los jueces, ni autoridades civiles ni religiosas (9-10).

El deseo de mantener la lucha con el fin de eliminar el trabajo esclavizante de los obreros de las tabacaleras y otras industrias fue el motor para que Capetillo inventara una comunidad haciéndose más justa. Es decir, Capetillo imagina el resultado mientras en la realidad se daba los pasos para llegar a él, como si tratara de hacer realidad la ficción. La novedad de la conversión de los seres hacia una humanidad plena para todos era la libertad ya que el ingreso a la comunidad utópica era totalmente voluntario. De éste surgiría naturalmente el proceso del cambio económico al sistema comunitario que podía provenir de la adquisición de terrenos para usufructuo de todos o de la venta de casas cuyo dinero pasaría a formar parte del fondo de la comunidad. A pesar del ingreso voluntario, las personas jugadoras, borrachas o que tenían otros vicios estaban excluidos de la comunidad (11)[27]. Es decir, la refundación de la nación exigía una selección moral como método para eliminar posibles modelos negativos de comportamiento humano:"Hace diez años que aquellos diez hombres formaron la socie-

---

[27] Este proceso de selección moral, así como qué hacer con aquellos miembros que revelaran rasgos negativos o comportamientos criminales, nunca fue resuelto ni aún por los grandes pensadores utópicos como Kropotkin. Por más detalles, véase *As utopias anarquistas* de Flavio Luizetto (nota 26).

dad y habían dado un ejemplo y una demostración de solidaridad y de culturas y tenía que ejercer alguna influencia. Esos señores tenían hijos en la comunidad que, enamorados de hijas de los comunistas, había pasado a la sociedad y se había reformado" (12)[28].

Según *La humanidad en el futuro*, los efectos de la revolución pacífica en la comunidad obrera se extenderían al resto del país. De esta forma, y siguiendo el hilo de la imaginación política, Capetillo indica que el sistema operante de la sociedad nacional iba a ser aniquilado muy rápidamente porque:

> [...] habían pueblos que no tenían panaderos, otros que no tenían zapateros ni braceros, y los que habían no podían atender a todos.
>
> Las casas acostumbradas a grandes servicios, sin pies ni cabezas; las dueñas no sabían cocinar, ni lavar, ni planchar.
>
> A la semana, estaban las calles intransitables, no había legumbres ni huevos [...]. Hubo obrero que para atender a las peticiones de sus patronos que les habían aumentado el jornal, se habían muerto con el instrumento de labor en las manos [...]. Una señora cocinando, perdió un ojo [...]. En vista de tales sucesos, determinaron a recurrir al Comité de Huelga, que permanecía siempre abierto, y expusieron sus quejas. El Comité respondió que si lo dejaban arreglar el asunto, todo iba a terminar muy bien, en beneficio de todos. Ellos accedieron y entonces les dieron un permiso provisional para que fuesen atendidos por la comunidad [...] (13-14).

Este pasaje queda sellado en la narración por la decisión de quemar toda la "papelería" legal que había controlado la sociedad anterior, a pesar de las protesta de los aún no conversos:

> Protestaron y dijeron que eso era una cobardía, "sois unos atrevidos, exclamaron, que habéis burlado nuestras leyes y sembrado el

---

[28] Este empleo de la moral como mecanismo para perfeccionar, controlar y mantener la sociedad no es privativa del anarquismo. Originaria del cristianismo, también el positivismo la hace centro de su sociedad futura, hecho que explica las interminables discusiones sobre si eran las mismas o no. En el caso de Capetillo, creemos que tenía una tonalidad más católica que anarquista dado que ella era muy católica pero atacó duramente la práctica religiosa de la iglesia por considerarla falsa. Véase en especial sus ensayos *Mi opinión* y *Ensayos libertarios*.

terror en las familias". Ellos contestaron: "-Y eso que no hemos querido imitaros, pues si hubiéramos seguido vuestro ejemplo, hubiéramos
destruido, encarcelado, como habéis hecho.

Ahora que os quejáis, os decimos que somos más humanos; cuantas veces, en plenas sesiones, habéis cogido nuestros libros, periódicos
y leyes presentadas, y las habéis roto y pisoteadas, llenos de odio y de
ira. Hacemos esto como un acto de justicia y no para imponer privilegios, pues no los queremos. [...] Los jueces y abogados del Universo
han despojado a numerosas familias y las han dejado en la mayor
miseria, para apropiarse de sus bienes. Nosotros hemos visto acusar y
condenar a inocentes que no habían hecho otra cosa que ser explotados, y rebelarse [...] (14-15).

Capetillo reitera a menudo que el conflicto entre la sociedad tra-
dicional, la controlada por los burgueses, y la del futuro, la utópica
realizándose por los obreros, se resolvería pacíficamente. Esta
insistencia en la paz tendía a eliminar la desconfianza y los ánimos
de confrontación. Asimismo, quizás también buscaba contrarrestar
la propaganda positivista que, como decía Lagarrigue en su carta,
anunciaba que los anarquistas impulsaban una toma violenta del
poder, tal vez una razón más para apoyar el autoritarismo que res-
paldaban. Ese modo pacífico de resolución, explica Capetillo, se
debía a la transformación interior de los seres humanos a formas
superiores de relacionarse, lo cual impediría el retroceso a comportamientos anteriores. La acción generosa de los obreros aseguraba
el triunfo sobre el injusto sistema capitalista:

Por solamente oponeros, deberíamos imitaros y encarcelaros. Y, por
imitaros, sentenciaros a muerte; pero no queremos macharnos, ni sembrar la libertad con sangre. Si no queréis ayudarnos, retiraos a vuestras casas y dejadnos preparar y asegurar la libertad de todos [...]. De
toda la libertad y bienestar común, disfrutaréis, y entonces, cuando la
palpéis, nos diréis es más buena, justa y moral.

Los magistrados, jueces y abogados que habían concurrido, se
miraban y decían: realmente estas gentes son superiores a nosotros,
marchemos a nuestras casas y esperemos los acontecimientos. [...]

–Bien, salid, no olvidéis que el trabajo es la base de esta sociedad y
no podéis holgar a costa de la ignorancia o del trabajo ajeno, tenéis que

concurrir al campo y a las fábricas para observar: y lo que encontraréis más fácil, eso haréis más luego, sin violentaros (16).

Por eso Capetillo detalla los pasos del proceso seguido por el Comité para expandir los efectos de su acción: códigos legales fueron quemados, imágenes religiosas consideradas inútiles, llevadas a los museos como reliquias artísticas, mientras que prestaban sumo cuidado a toda obra de creación de artes y letras del pueblo. En todo momento se observa la puesta en práctica del catecismo de la nueva religión social que convertía a los herejes sociales y políticos por medio del razonamiento y la reflexión y por la comparación entre el antes y el ahora:

Ya veis que no procedemos como vosotros, que a fuerza de quemar gentes, impusisteis los dogmas de la iglesia, y cuado lo hicisteis, fue en nombre de Jesús y por orden divina. Nosotros no tomamos el nombre de Jesús, esta es obra humana de redención universal.

Los curas dijeron: "¿Y qué hacemos?". "Id a las fábricas y talleres y observad [...]".

Iban a salir los curas y el director les dijo: vais a ir con esos trajes? [...]. Los curas salieron sin sotanas y cuando se mezclaron en las fábricas y fueron al campo, les recibieron con vivas y gran alegría, porque simbolizaban un pasado muerto y renaciendo de nuevo, en costumbres y procedimientos (17-18).

Si en una primera instancia la obra de Capetillo puede parecer una narración ingenua, la interpretación detenida demuestra el gran valor que encierra como muestra de una creatividad motivada por el ansia de mejorar la realidad. Además, porque tal creación trasciende y se amplía. Es así que la obra se presenta también como una crítica velada a otros intentos de transformación del comportamiento humano mediante procesos de conversión. Por un lado, *La humanidad en el futuro* establece un contraste con el férreo proceso de catequización del indígena para fundar el régimen colonial, así como con el papel político ejercido por la iglesia para afianzar tal dominación. Por otro, la obra responde también a un proceso contemporáneo a la autora, al planteado por los postulados de la Religión de la

Humanidad del positivismo. También éste pretendía implantar doctrinas económicas y religiosas ajenas para refundar las naciones,
que, como se reprueba en la obra, fueron en su momento abrazada
por muchos intelectuales y apuntalada por varios gobiernos de la
región. Contrariamente a ambos, el modelo capetillano de imposta-
ción anarquista no se impone por la fuerza, militar, intelectual, ni
religiosa, sino por el ejercicio de una moral más auténtica, no hipócrita, y guiada por la voluntad y el deseo de justicia. A pesar de estas
diferencias, los pasos del proceso de refundación de la nación según
las directrices capetillanas son similares a todos los que convocan
un giro total de la sociedad. Una vez que la revolución pacífica va
transformando a los seres humanos, se procede a fortalecer el funcionamiento de la flamante vida diaria en común. Para hacerlo, también Capetillo ajusta la evolución de la suya al proceso de fundación
de toda nación que requiere la implementación de tradiciones y la
narración de una historia propia que legitimen su existencia particular[29]. De aquí que Capetillo describa detalladamente las nuevas
tradiciones que regirían la suya a las que se han de ajustar el trabajo
y diversiones de los ciudadanos. Entre las más sobresalientes que se
inauguran se hallan la preparación de fiestas comunitarias según el
gusto de todos, la eliminación del empleo del dinero por el trueque,
el cuidado de los enfermos como una preocupación de la colectividad, la eliminación del trabajo ilícito, la conversión de los policías
en agricultores o en obreros dada la desaparición del crimen y, en el
caso particular de su realidad puertorriqueña, el cambio del cultivo
del tabaco y el uso del cerdo por el de hierbas alimenticias. En cuanto a la historización de la comunidad utópica, indudablemente es
una diferencia e innovación fundamental que introduce la autora y
revela su capacidad para percatarse de que la misma representaba
una necesidad mayor para su época en la que recién se comenzaba a
narrar la historia de los países. La historización de su comunidad
surge no sólo como novedosa, sino vital para el éxito con los lectores. La historia es la prueba de la existencia. Todo lo que existe tiene
una historia ya que sólo el pasado narrado desde el presente da la

---

[29] Véase *Mario Benedetti y la nación posible* (ver nota 3).

imagen de vida que transcurre, que evoluciona, que se transforma, que marcha hacia nuevas metas, demostrando y confirmando el proceso de renovación que había experimentado la comunidad. Por otro lado, la historia también se presenta como un mecanismo muy apropiado para consolidar el dinamismo de la sociedad imaginada como concreta. De este modo, Capetillo marca que la suya carece del estatismo que caracterizaba las utopías ficticias de diversas impostaciones de su época, o el de aquellas de los modelos clásicos, en las que una vez alcanzado el fin perseguido, se detenía la evolución y no se obtenía la felicidad soñada.

Pero la obra de Capetillo también posee otros aspectos singularmente esenciales para la refundación exitosa de la nación que confirman una vez más que estaba muy al tanto de otras narraciones utópicas. En primer lugar se halla el número limitado de integrantes que podía tener la comunidad suya. Este hecho se debe a que el funcionamiento correcto era posible sólo si se contenía el crecimiento para asegurar el progreso y felicidad anhelados. Un segundo aspecto interesante es que Capetillo imagina anticipadamente las críticas que se harían a este novedoso funcionamiento comunitario. Al mostrar que sería condenado por los gobiernos y apoyado por obreros de otras regiones, la autora vigoriza el realismo de la narración con la intención de defenderse de antemano de posibles acusaciones destructivas:

> Por último se acordó hacer una relación de todo e imprimir un libro para enviar a todos los gobiernos, ministros, sociedades y municipios del Universo. Era necesario conocer la opinión de cada país. Unos dijeron que eso no duraría, que era una casa de locos. Otros, que era la torre de Babel, que, cómo íbamos a vivir, el poeta con el bracero burdo y torpe, que no teníamos obras de arte; que éramos intransigentes e inhumanos. Esto lo dijeron los gobernantes, en nombre de sus presidentes, y los ministros, en nombre de los reyes. Las sociedades obreras nos felicitaron, y los hombres altruistas nos ofrecieron visitarnos, y otros nos ofrecieron venir a vivir con nosotros. Pero les dijimos que debían iniciar en su país, iguales procedimientos, que era fácil y era más glorioso para ellos. Que no aceptamos forasteros, y que de cualquier país podía venir, pero que, como no podíamos hacer lo propio, resultaba muy pequeño país para tanta gente (20-21).

Esta interpretación de *La humanidad en el futuro* ha rescatado y destacado el valor de la obra como respuesta avanzada para su momento histórico. Desde el nuestro, y teniendo en cuenta la historia propia de su región y de la admiración de Capetillo por la figura de Jesús, es posible considerarla como una creación anclada en los postulados lascasianos que actúa de puente hacia el futuro. Es decir, la obra lleva implícita los agravios de la colonización española y los efectos negativos de la opresión eclesiástica de la mujer, que no sólo persistían en el presente suyo, sino que se habían incrementado por la doctrina positivista, llegando hasta las denuncias, reclamos e intentos de nuestros días, como los del marxismo y el de la Teología de la Liberación. Visualizada como un modelo incluyente, los sectores tradicionalmente menos favorecidos de la sociedad alcanzan en la comunidad de Capetillo la igualad y la justicia tan ansiada. De modo que al injertar su atrevido modelo de nación, único producto de una mente femenina latinoamericana, en ese tronco tradicionalmente masculino, se desprende una refrescante mirada que desliza por la realidad de la región, en particular sobre la caribeña decimonónica.

Esta interpretación de ciertos ensayos de Marietta de Veintemilla, Mercedes Cabello de Carbonera y Luisa Capetillo pone de manifiesto dos hechos notables. Por un lado, que a pesar de los distintos ángulos de observación de la realidad y de posición en la sociedad, se observa que tenían ideas similares en relación e a la cuestión de la nación. Se evidencia que las tres muestran reiteradamente el interés por contribuir al pasaje del país colonial a la nación moderna mediante la participación en la realidad propia y en una posterior, con el registro de sus ideas en obras ensayísticas. Acción y palabra corroboran la practicidad que las caracterizaba, firmes creyentes en el progreso en el presente aunque sin perder jamás la fe en una meta ideal de futuro. Poseedoras de una mirada totalizante, abarcadora de la sociedad entera, mostraron un compromiso social para luchar por lo que creían adecuado a las incipientes naciones según las enseñanzas de la historia. Ante el juicio de ésta, vemos que no es posible, quizás ni justo, concluir definitivamente sobre el acierto o el error de sus postulados sociales y políticos ya que muchos de los problemas que enfrentaban los países-naciones de su época, aún persisten. El detalle importante es la capacidad demostrada para identificarlos y explicarlos libremente, a partir de interpretaciones muy propias de las facetas más sobresalientes de los apremiantes conflictos. Al igual que con el pensamiento de los pensadores, no es conveniente rechazar las deducciones de estas pensadoras porque representan posiciones que respondían a momentos históricos particulares. La tarea nuestra ha sido la de injertar sus ideas en ese tronco tradicionalmente masculino por la refrescante mirada que deslizan por la realidad latinoamericana decimonónica. Como muchos ensayistas, también ellas fueron líderes, político, Marietta, intelectual, Cabello y obrero, Capetillo, fueron voces plurales femeninas que se alzaron en el ambiente del poder caudillesco masculino. En un marco social y político, la actualidad de sus proposiciones reside en el valor dado a la moral, a la paz y a la solidaridad, mientras que en el humano, en el énfasis puesto en la educación para superar la opresión y en la eliminación del poder terrenal de la iglesia, hechos que las hace tal vez nuestras más notables librepensadoras. Entre otros rasgos esenciales y comunes observados se destacan la fe ciega en la posibilidad de progreso, ya sea el humano, representado por ellas mismas mediante el nivel cultural alcanzado y el papel jugado en sus respectivas sociedades, y el de la sociedad, como se desprende de la intensa actividad desplegada durante sus vidas, aunque hayan pagado el precio del olvido posterior. La educación que poseían les permitió darse cuenta del valor de la historia como fuente de aprendizaje e interpretación de la realidad para descubrir la clave del éxito futuro. Este interés por la historia refleja uno aún mayor: la preocupación constante por la circunstancia histórica de América Latina, que explica su infatigable profesión del americanismo. El mismo se refiere a la prioridad absoluta dada a las necesidades de la región que, como vimos, se extienden desde el acentuado interés por las gestiones de gobierno, la elección de las doctrinas fundantes, la eliminación de viejas recetas políticas y aplicación de nuevas fórmulas, la inclusión de todos los ciudadanos en los asuntos públicos, especialmente los sectores tradicionalmente marginados como el de las mujeres, la importancia vital dada a la educación para la fundación efectiva de la nación moderna, el propiciar la defensa de lo mejor para el futuro propio, no según modas ajenas y pasajeras, y el imaginar nuevos rumbos desde la idealización del pasado a la utopía del futuro. De aquí que fuera necesario para ellas la búsqueda de un balance entre proposiciones sociales, políticas y filosóficas dispares para poder hallar el procedimiento apropiado al americanismo. Esta actitud les exigió, y mantuvieron, en todo momento una gran honestidad para defender la posición propia que incluía la de los sectores menos favorecidos, como obreros, indígenas y mujeres. Ellas pueden ser vistas como ejemplos de intelectuales comprometidos con la realidad al identificarse con la de todos los seres que la componen.

Este serio compromiso del intelectual comprometido contemporáneo preocupado por el contexto explica la voluntad de estilo que trasmiten sus ensayos. Como ocurre con el de los pensadores coetáneos, estas tres pensadoras marchan estilísticamente de formas ensayísticas híbridas, como los de Marietta en el que se dan cita el ensayo, el cuadro de costumbres y el cuento, al de Luisa Capetillo, que incursiona en el drama, la carta íntima, el panfleto y el cuento, hasta ensayos perfectamente logrados antes que los ensayistas, como la carta de Cabello de Carbonera. No obstante, el detalle sobresaliente que también las une entre sí y las separa de los hombres, es el empleo de la ironía, fina a veces, hiriente en muchas otras ocasiones, que se presenta como una defensa a la crítica condenatoria que imaginaban que saldría de las bocas de sus adversarios. Este esfuerzo estilístico demuestra el valor dado al lector y al poder de la palabra escrita como instrumento de transformación individual y colectiva que se reitera, reafirmándose, en la confianza en el juicio justo e imparcial de la posteridad crítica. Estas cualidades del pensamiento de las decimonónicas ejemplifican la audacia de las mujeres para hacer suyo un género monopolizado social y tradicionalmente por los hombres para competir con ellos en el mismo plano mediante acertadas ideas que guardan gran actualidad. Sus palabras, entonces, nos aseguran que eran mujeres con plena confianza en la igualdad humana que no disfrutaban en la realidad.

Estas características obtenidas comparativamente de las ideas de Marietta de Veintemilla, Mercedes Cabello de Carbonera y

Luisa Capetillo entorno a la cuestión de la nación evidencian, por un lado, postulados vitales del pensamiento social y político femenino. Por otro, destacan la necesidad de profundizar en él para elaborar detenidamente y ampliar el origen de la genealogía ensayística femenina sobre la que podamos construir el edificio posterior con materiales dispersos por el descuido del tiempo crítico. La restauración de los pilares ideológicos femeninos originales nos permite historiar correctamente y comprender la esencia ideológica de las naciones latinoamericanas, no sólo para fortalecer el pensamiento que la compone sino para conocernos mejor a nosotros mismos viéndonos en él.

ANTOLOGIA DE ENSAYOS SELECTOS

Marietta de Veintemilla

Páginas del Ecuador[*]
(Fragmentos)

Dos palabras

No pretendo llamar la atención con hechos de mero carácter individual. No me inspira nada en que pueda adivinarse el vanidoso estímulo de muchos, que se creen en el caso de hacer saber al mundo lo que les ha ocurrido en tal o cual circunstancia de la vida, prescindiendo, en general, del interés patrio e histórico.

Mi empeño es algo más elevado, pues conduce a hacer luz sobre acontecimientos políticos del Ecuador en los que si me cupo una pequeña parte, no puedo menos que consagrarles este recuerdo, haciendo un llamamiento a la verdad y a la justicia, únicas fuentes de inspiración honrada para el que confía en el recto criterio de sus semejantes.

Las páginas que entrego al público no son tampoco vindicatorias de mi señor tío, el General Ignacio de Veintemilla. Ni él las ha menester, ni emprendo yo una tarea exclusiva, casi vedada para mí, desde que él no la halló necesaria, al dejar para justificarse la sola acción de los tiempos, que ha puesto de relieve a los hombres que le sucedieron en el poder.

No me aflige el temor de que se me conteste con acritud en algunos puntos que ponen de manifiesto el carácter de ciertos individuos tristemente célebres en el Ecuador.

Si el derecho de defensa no se le niega a los criminales comunes, natural es esperar que los reos políticos dejen oír sus descargos

---

[*] Lima: Imprenta Liberal F. Macías, 1890. Es necesario indicar que si bien se ha hecho alguna actualización ortográfica, se ha mantenido el énfasis presente en la versión original de los ensayos.

cuando les saca del indiferentismo público una voz acusadora; lógico es aguardar de los que no desempeñaron un papel muy honroso, no simplemente el descargo, sino que hasta el insulto.

Razones hay, sin embargo, que no serán jamás destruidas por las observaciones de la parte contraria. Hechos se citan contra los que no hay argumentos posibles, restando a los que aparecen como criminales, el trillado camino de las injurias.

¡Cuántos han sido los comentadores y hasta los simples narradores de los sucesos contemporáneos, que obtuvieron por toda respuesta una diatriba!

¡Cuántos son los que se defienden buscando el menguado auxilio de las desvergüenzas!

Pero, ya digo y repito: ni persigo el aplauso, ni me intimida el insulto. Cumplo con una necesidad de mi espíritu y acepto sin temor las consecuencias. (Prólogo 3-4)

El Ecuador y sus fanatismos

El Ecuador como todos los demás países sudamericanos, tiene una historia accidentada y llena de episodios lúgubres en que se destaca, primera, la sombra del fanatismo. Llámese religioso o político, pero fanatismo siempre, es él el causante de las desgracias que todavía le aquejan.

Amalgama de hechos heroicos y maquinaciones ruines; auroras de libertad con crepúsculos de humillación esclávocrata; santo anhelo de mejoramiento nacional y postración de fuerzas por la lucha entre lo bueno y lo malo: he allí el resumen de esa historia que todavía no se ha escrito con la entera independencia que se demanda, y a la que es justo atender con unas páginas siquiera que mañana sirvan entre documento mil de su especie para el sereno juicio de la posteridad.

Voy a trazar en la primera parte de este libro, aunque a grandes rasgos, el carácter de los gobiernos que se sucedieron desde la emancipación española hasta el advenimiento del General Ignacio de Veintemilla, punto capital de mi trabajo, pues son solo unas páginas de la historia, como he dicho anticipadamente, las que quiero escribir en el reposo de mi ostracismo (5-6).

Dictadura de Urvina

La dictadura del General José María Urvina fue bien recibida por la mayoría del país, que empezó a temer entonces las maquinaciones de Flores en el Perú, apoyando al nuevo caudillo militar los elementos dispersos y la juventud liberal que ansiaba el triunfo de sus ideas en el Ecuador.

La expedición de Flores, que fracasó en Guayaquil, fue una victoria que contribuyó bastante a la elección pacífica de Urvina, proclamado Presidente Constitucional de la República después de la formal expulsión de los Jesuitas del territorio nacional, haciendo valer la cédula famosa de Carlos III en lo tocante a sus estados de América.

Urvina, si cometió errores, no se apartó nunca de los principios liberales; esos principios que han tenido un efímero triunfo, por lo mismo que eran una amenaza contra los malos. La cohesión que se establece entre los elementos ruines para dificultar la obra del progreso intelectual es de observarse con admiración no sólo en el Ecuador, sino en cualquier estado donde haya explotadores de la ignorancia y sencilla fe de los pueblos.

¿Podían ver los ultramontanos con tranquilidad, que arraigase el árbol de las libertades públicas a la sombra de un gobierno verdaderamente democrático?

La supresión del tributo de los indígenas y la libertad de los esclavos por Urvina, consecuente a sus principios, ¿no eran un crimen inmenso para quienes estaban interesados en esa y otras bárbaras expoliaciones de la muchedumbre esclava?

Los partidos conservadores jamás exhibieron títulos de humanismo como los liberales, por muchos que hayan sido sus desaciertos en el orden administrativo o económico (5-6).

Lucha histórica

No se concibe un pueblo sin luchas intestinas de carácter religioso o político, como no se concibe un mar sin vientos y sin olas.

Desde que el mundo es mundo, vienen disputándose el predominio en los diversos pueblos dos elementos igualmente considerables hasta el día, aunque parezca el uno subordinado el otro por la acción de los tiempos: la astucia y la fuerza.

La fuerza, que en las primitivas edades tuviera un papel tan importante, tuvo siempre en la astucia su poderosa rival, su encarnizada enemiga. Maga esta última de los débiles o miserables de corazón, fabricó en las sombras unas armas que se han hecho invencibles.

Allá, en las selvas, y cuando el hombre vivía como una fiera, caía el más hercúleo y valeroso en el poder del más débil, pisando un puentecillo de ramas asegurado en falso, o atravesado por una flecha que partía de la espesura.

A la dominación guerrera opúsosele en los albores de la humanidad, el gentilismo místico. La superstición de las turbas fue el baluarte de los primeros políticos del mundo que no fueron sino los primeros astutos. El sacerdote venció al soldado y muchas veces el soldado degolló al sacerdote, que aventajándole en inteligencia, tenía que usufructuar sus trabajos en la administración política de las sociedades nacientes.

Tomando así las cosas, desde su origen, no nos debe chocar que siga en los pueblos atrasados repitiéndose esta lucha histórica del elemento viril, fuerte, casi brutal, pero que lleva en sí los gérmenes del poderío y la nacional grandeza, contra la hipocresía, el dogma, y las ambiciones políticas disfrazadas de religión que todo lo circunscriben, malean, y lo empequeñecen todo.

Al poder teocrático del Ecuador, es decir, a la astucia, no se le ha opuesto con mediano éxito sino la fuerza, representada por el Ejército, que siguiendo las aspiraciones liberales ha sido también algo más que fuerza.

Ningún país sudamericano, si se exceptúa el Paraguay en la época de los jesuitas, ha ofrecido mayores obstáculos a la civilización que el Ecuador, víctima de los clericales.

Bella es la religión cuando enseña la caridad en todo orden de nuestros semejantes. Pero, cuando ésta se convierte en refugio de los hombres malos, cuando se monopoliza su nombre para negocios administrativos, granjerías extrañas al ministerio divino, natural es que nos indignemos de tanta farsa, exigiendo en honor propio del culto, que no le desacrediten estos caballeros cristianísimos más groseros y torpes en su modo de ser que los infieles (49-52).

Primeras conspiraciones

El partido terrorista notó con honda rabia que la Dictadura preparaba con los elementos de una Asamblea Constituyente, a la que debía dar cuenta de sus actos, los elementos propios también para formar una constitución opuesta a la de García Moreno y en el sentido liberal más amplio y progresista.

Preparáronse los búhos de la civilización a nuevos ataques desde la altura de las iglesias, dejando oír su antipático graznido que tiene siempre algo alentador de la superstición y precursor de la muerte.

Un padre Gago, franciscano, de nacionalidad dudosa como todos los aventureros, y que se ha distinguido posteriormente en el Perú por sus discursos sediciosos contra los poderes constituidos, fue el instrumento de los enemigos del Dictador.

En efecto, un día desde el púlpito, con un lenguaje sólo usado por la canalla, increpó a sus oyentes la tolerancia del nuevo régimen como un crimen de lesa divinidad que merecía castigo.

"La religión está amenazada –dijo–. Veintemilla y Carbo son enemigos de Dios y están fuera de la ley humana. Quien libere a la Iglesia de Veintemilla se habrá ganado el cielo, porque el exterminio de los herejes se hace muchas veces forzoso para mayor honra y provecho del Altísimo."

Tan infame propaganda en boca de un sacerdote produjo extraordinario efecto entre el mismo clero honorable, que no podía faltar en el Ecuador.

Frases acusadoras escaparon de labios verdaderamente religiosos, protestando de energúmeno semejante que buscaba sin duda un Jacobo Clement o un Ravillac en la feligresía de Quito.

El Arzobispo, que era a la sazón el Doctor Don José Ignacio Checa, llamó al franciscano para amonestarle como se debía; mas, éste, no obedeció la orden, incurriendo en otra falta muy grave ante la respetabilidad de la Iglesia.

La acción del Gobierno tuvo que dejarse sentir, entonces, sobre un hombre que desconocía el mismo fuero católico, y envióse una partida de tropa en demanda de Gago que ya había amotinado al populacho en su defensa al saber que se le buscaba.

El mandamiento de prisión no pudo, sin embargo, cumplirse en vista de la actitud de los fanáticos, quienes llevaron en hombros hasta la Legación Francesa al miserable predicador, que triunfaba así de las leyes civiles y religiosas por el sayal que vestía.

¡Cuántos son los cobardes que aconsejan el asesinato escondidos bajo la concha del púlpito, más dura que la de la tortuga, guardados por un traje que sólo debía escudar la debilidad femenina! (55-58).

Erupción del Cotopaxi

Los fenómenos de la naturaleza han sido explotados desde tiempo inmemorial por los servidores del culto, en su provecho.

La aparición de un cometa, el desorden momentáneo que establece en determinado paraje una tromba, un eclipse de sol, los cambios atmosféricos de carácter violento, cualquiera perturbación sencilla de las que no sabe darse cuenta el vulgo y que hoy la ciencia explica, llegando hasta pronosticarlas sin más auxilio profético que los números, sirvieron en remotas edades para demostrar el enojo divino ante la azorada turba, afianzándola aun más, si era posible, en la barbarie.

Los pueblos como el Ecuador, en que la civilización no ha penetrado lo bastante en las masas, ofrecen todavía el caso de la superstición antigua, el público terror en presencia de esos fenómenos que nos describen hoy lo sabios, con la misma sencillez que nos describe un mecánico las interrupciones que sufre una máquina en sus tubos.

Júzguese, pues, de la situación del Gobierno de Quito, en medio de una muchedumbre ignorante, azuzada por los clérigos, cuando a las pocas horas de hacerse público el Entredicho, se sintieron ruidos espantosos en toda la población y dibujose en el horizonte una mancha negra que adelantaba oscureciendo la luz del día y dejando sentir el pánico en los corazones más atrevidos.

Nadie recordaba haber escuchado jamás esos ruidos tan prolongados, tan hondos, ni haber mirado tampoco una nube como la que se aproximaba con caracteres siniestros, para probar que Veintemilla había irritado al cielo y que Dios con todas sus olímpicas furias, se ponía de parte de tres canónigos.

Pero, el peligro que amenazaba, no era sólo a Veintemilla, sino a la población entera, incluyéndose en ésta a los sacerdotes.

Doblaban las campanas de iglesias y monasterios, alborotábanse dentro del propio hogar muchas familias, la consternación era general, oyéndose plegarias por todas partes, y la mancha negra, implacable como la muerte, seguía adelantando sobre Quito, convertido por esos momentos, en una inmensa casa de locos.

Detonaciones lejanas escuchábanse como de gruesa artillería, a cuyo compás volaba y se extendía la mensajera nube, que ocultó bien pronto el sol, sumergiendo la aterrada población en tinieblas.

Gritos terribles que anunciaban el fin no sólo de Ecuador sino del mundo, se dejaron sentir, cuando rasgado el vientre de la espantosa nube, empezó a caer una lluvia de finísima tierra, cuya procedencia volcánica no pusieron en duda ya los inteligentes.

Después de muchos años, hacía el Cotopaxi una erupción a dieciséis leguas de Quito; y puede juzgarse la magnitud de esta erupción por las enormes distancias que salvaba aquella ceniza de las entrañas del volcán con estremecimiento y ruidos atronadores.

La corriente de lava, con gran pérdida de vidas, sepultó haciendas y casas a muchas leguas del Cotopaxi.

Al presente, los que viajan por esos contornos, pueden reconocer el curso de aquella hirviente catarata en el terreno eriazo que ha sustituido a los campos de verdura y de fertilidad admirables. Donde antes se levantaban quintas de recreo y poéticas arboledas, no existe sino densa capa de tierra sulfurosa y metálica, que al enfriarse a cobrado un matiz sombrío, como una extensa mortaja sobre la vida que aniquiló bruscamente.

Eran las doce del día y Quito permanecía en una noche lóbrega, sintiendo caer un polvo sutil que penetraba hasta los cuartos interiores, donde las familias se encomendaban a Dios con el fervor religioso de las circunstancias.

Por la calles transitaban pequeños grupos con faroles en las manos, sin que faltaran por supuesto, cuadrillas alborotadoras que gritasen –*abajo los herejes, el cielo nos está castigando por ellos*– y otras

expresiones más que atestiguan la ignorancia de quienes las profe-
rían en medio de letanías y preces contradictorias.

Era realmente espectáculo aterrador, el de una ciudad sumergi-
da a la hora meridiana, entre sombras densísimas y escuchando las
voces del Cotopaxi al lanzar desde tan lejos esa lluvia de tierra que
lo inundaba todo.

¿Podrá creerse, sin embargo, que entre tal consternación hubiera
quien armase algunos fanáticos lanzándoles de sorpresa contra la
casa de gobierno, como para victimar a los que habitaban en ella?

Y así sucedió en efecto.

La propaganda diabólica hecha de antemano por el clero exigía
aprovechar la ocasión aquella para dar un golpe que hubiera sido
decisivo, sin la serenidad del hombre encargado del poder, y que
veía un triunfo para los trastornadores del orden, en un tal casual
trastorno de la naturaleza.

Bien pronto, al horror de la erupción volcánica, mezclose el
horror de los hombres que aprestaban la matanza.

Partidas distintas, armadas de rifles, pretendieron acometer el
Palacio, entre la oscuridad, a los gritos de *¡Mueran los herejes, abajo
el Gobierno, viva la religión!*

Reforzados los asaltantes, comenzó un ciego, estúpido tiroteo,
que aumentó, como era natural, la ansiedad pública hasta el extremo de creerse mayor el daño que se hicieran los hombres entre sí,
que el que pudiese causar la *irritación del cielo*.

Veintemilla, con una prudencia recomendable, no quiso empeñar
combate ninguno por las calles, manteniendo sus tropas a la expec-
tativa, pues comprendió que, cesando el fenómeno de la lluvia y la
oscuridad, cesarían también los impulsos bélicos de la canalla.

Quiso evitar a toda costa el derramamiento de sangre, que
habría sido no pequeño entre los asaltantes; pero, vista su pertina-
cia en varias horas, y para demostrar que el Gobierno no les tenía
miedo, consintió al fin el Dictador en que salieran dos compañías a
órdenes de jóvenes liberales como los Enríquez, Arteta y otros,
cuya indignación era grande, a darles un batida.

En las puertas del Palacio y huyendo de la vigilancia de la familia, recuerdo que se mezcló mi hermano José Ignacio, niño de doce
años entonces y que fue recibido como por gracia en las filas.

Atacados briosamente, los revoltosos cambiaron su anterior osadía en miedo cerval, siendo barridos desde la plaza principal hasta San Blas, casi fuera de la población, donde terminó la refriega.

Los valerosos jóvenes que castigaron así el avance de los terroristas, volvieron a Palacio, intercediendo ante el Dictador por el desobediente niño que les había acompañado, en mérito de su resolución ante el peligro y los disparos de rifle que hiciera entre los soldados.

Las tinieblas seguían ocultando la población con un velo impenetrable.

Aplacado el tumulto, arengó Veintemilla a sus tropas, haciéndolas ver que la fidelidad al orden sería debidamente estimada y que nada temiesen del Altísimo en aquella improvisada noche, que se despejaría pronto, para que brillase más clara su justicia.

Queriendo a la vez contener otra mejor organizada rebelión, tomó preso al canónigo Andrade, obligándole a que abandonase la ciudad que mantenía, él sólo, en alboroto, con infracción de todo principio de caridad y mansedumbre evangélicas.

Antes de las tres de la mañana pudo notarse allá, a lo lejos, entre la masa oscura de sombras, una llama rojiza que subía del Cotopaxi al cielo, como impulsada por un gigantesco fuelle.

Esta llama que solía ondular, a veces se histriaba en fajas de color más subido y era cortada también por la piedras incandescentes que salían del cráter, formando zigzag vívidos como el rayo.

La erupción volcánica, a considerable distancia, rompiendo la negrura del horizonte, cobraba a los ojos del espectador una sublimidad terrífica.

En esos momentos era que perecía gran número de personas en los campos circunvecinos del Cotopaxi.

Ríos de lava precipitándose a la llanura, arrastraban con sus olas hirvientes, árboles, casas, maquinarias, animales y hombres, todo en masa confusa, en infernal balumba, cuyo recuerdo vive todavía en los pocos que se salvaron de esa catástrofe.

Para aquellos que presenciaron el diluvio de fuego desde Quito, no se borrará tampoco, una tal madrugada, con su iluminación colosal y redoble de truenos, que movían a espanto, aún más si cabe, que la misma lluvia de tierra.

Veintemilla, previniendo las desgracias que ocurrían en el campo, tomaba las providencias oportunas y multiplicaba sus órdenes para el auxilio de las víctimas, poniendo en movimiento las oficinas todas de la administración.

Volvió la calma a los espíritus con la entrada del día y se pudo ver, entonces, las calles que presentaban un tétrico aspecto por el lecho de cenizas que las cubría, asemejando la vía pública a una inmensa fundición donde, para levantar los residuos del horno, se necesitaban muchas carretas (76-85).

La palabra dictadura

Antes de juzgar a los hombres, penetremos en el espíritu de su época, único medio de pronunciar acerca de ellos, un fallo acertado e imparcial.

La observación que ha aclarado tantos misterios, sorprendiendo hasta los secretos de la naturaleza, es la que contribuye poderosamente, a determinar el lugar que a cada cual le corresponde entre sus semejantes.

Preciso es estudiar las necesidades de los pueblos, a la vez que los acontecimientos, analizar los sistemas de gobierno y desentrañar los hechos, para juzgar con espíritu recto a las personas que intervinieron en ellos, o han marcado su rumbo político originario.

Hacer caso omiso de las buenas acciones de un hombre para calificarle, invocando un término odioso y genérico, es constituirse en anticipado enemigo de la justicia.

Fingiéndose idólatras de las ideas, ciertos escritores ecuatorianos, han atacado a Veintemilla, duramente, porque se llamó *Dictador*, lo cual no deja de ser una superficialidad bien triste ante la carencia absoluta de razones para ofenderle.

Los enemigos de un régimen cualquiera, hallan siempre en la significación de los títulos, manantial abundante de protestas y acusaciones. Así fue en un tiempo, para la Francia revolucionaria, el delito mayor, ser conde o marqués, sin que valiese a los titulados de este modo, para librarse del suplicio, tener un corazón el más patriota, más generoso y más bueno.

Digamos con un gran escritor:

"Cosa de teólogos es estimar a los hombres, no según sus actos y su carácter sino conforme a sus dogmas teológicos. Otro camino está indicado para el historiador y el filósofo. Bueno es que se juzguen a los hombres según sus acciones y de ningún modo según sus formularios revolucionarios, pues sabemos por experiencia propia que dichos formularios las más de las veces, no pasan de los labios".

Empero, lánzase como estigma fatal la palabra *Dictadura*, cual si se vislumbrara tras de ella, la corrupción y tiranía del Imperio Bizantino. Sin más examen, dáse por algunos el fallo adverso.

Y he ahí, por eso, a la Dictadura de Veintemilla, convertida con tantas otras, en un monstruo; pero en un monstruo de retórica pura.

Dirigiéndome yo al Ecuador, no a los fanáticos, examinaré la Dictadura con un solo apasionamiento: el de la justicia.

No siendo mi intento buscarle apologistas, ni tartufos políticos estrechados por el marco de hierro de sus miras, hablo con los hombres libres, capaces de penetrar sin rencor, en el espíritu de esa autoridad ilimitada pero transitoria, y cuyos fines no son iguales en todos los hombres que la mantienen.

¿Quién puede sin previo examen, imponer a la conciencia pública un caprichoso y por lo mismo absurdo veredicto? ¿Quién puede formar una sola masa de tan diversos elementos y de tan contrarios principios? La confusión, los términos absolutos, desnaturalizan la historia. No es posible envolver en una frase oscura lo que el criterio imparcial vuelve haces de luz y de enseñanza práctica.

El Capitán General Ignacio de Veintemilla, aceptando la palabra *Dictadura* para la conservación del partido liberal y sin apartarse un instante de las leyes que promulgó en 1877, ¿será considerado como un déspota?

Inútil sería repetir cuanto se ha dicho en pro y en contra de esta autoridad impuesta, no por la ambición de un caudillo, sino por la fuerza misma de los acontecimientos (109-113).

Los ineptos

Los ineptos son los más implacables críticos. Nada ignoran. Cuando los hechos se han consumado, es que saben lo que debía hacerse anteriormente. Son por lo tanto, más grandes que Aníbal, que Napoleón y que César, pues estos capitanes, si se revelaron grandes fue en sus luchas contra lo desconocido y en su serenidad ante lo imprevisto que sólo sabe dominar el genio.

Las explicaciones y críticas posteriores a cualquier suceso notable tienen siempre bastante de ridículo para las personas cuerdas.

¿Quién no es sentencioso después de resuelta una duda que no admitía antes categórica definición?

Es tan fácil decir, *eso era malo* cuando ello se reveló malo en los hechos.

Para los que no tenían fe en la lealtad del ejército, puesto a prueba en esos momentos,)qué se podría hacer no contando el Gobierno sino con una columna de doscientos hombres y una diminuta guardia de Palacio?

La amarga crítica contra el Gobierno de esas circunstancias no puede ser justa, atribuyendo a ineptitud el natural desconcierto de los mandatarios, frente a un peligro tanto más grande, cuando menos esperado por los que confiaban en la delicadeza de su compañero y gran amigo de Veintemilla, el General Cornelio E. Vernaza (136-137).

Madrugada del 10 de enero

Quito, ciudad fundada por los Caras, edén de Huaina-Capac el Grande y cuna de Athahualpa, está consagrada por el grito inmortal de la independencia lanzado desde allí como el rayo precursor de la libertad americana. Los nombres gloriosos de las primeras víctimas ilustran sus anales y la Historia le reserva un lugar prominente entre sus hermanas de la América Española.

Tal es el teatro de los hechos que voy a relacionar.

Es víspera del 10 de enero de 1883.

La ciudad envuelta aún en tinieblas, permanece silenciosa. Reina aparente calma, interrumpida de cuando en cuando, por el ruido siniestro de las armas y los medidos pasos de vigilantes jefes.

Por fin, aparecen los primeros albores de la mañana anunciando un día sombrío y nebuloso. Densas, plomizas nubes precursoras de la tempestad, atraviesan el firmamento cual si se envolviera en luto la naturaleza ante el espectáculo de sangre que se iba a presenciar.

Medio velado aun por las tinieblas, levántase al frente de la ciudad el *Panecillo*, cuyas faldas tocan las últimas calles que se extienden hacia el Sur.

Lo acontecimientos de la víspera habían hecho desaparecer la estrategia, flotando en el espíritu del Ejército tan sólo, el entusiasmo y la lealtad.

Cada cual se esfuerza en tomar las posiciones que se hallan a su alcance, no siendo posible extender la línea de defensa hasta las alturas de los cerros.

El enemigo posesionase de ellas haciendo de la metralla la mensajera de sus venganzas sobre Quito.

Son las cinco de la mañana.

A favor de la luz y tan lejos cuanto la vista alcanza, puede notarse los centenares de hombres que desfilan.

Poco tarda en cubrirse el cerro de una muchedumbre ondulante que campea en las alturas y se extiende hasta el vecino *Pichincha*, donde se asienta el Estado Mayor enemigo.

Luego se les ve descender por pelotones hacia las faldas del *Panecillo*. Comprenden nuestros guerreros al momento, que se han puesto al alcance de sus armas, y disparan.

La lucha había comenzado.

Dominábanme inquietud a la vez que confianza en nuestro aguerrido y leal ejército; por tanto, había resuelto presenciar el combate desde las ventanas del Palacio.

Allí escuché estremecida los primeros disparos y, atenta a los menores movimientos de nuestra tropa, vi caer en la calle de la Compañía a un soldado herido por el fuego que se hacía desde el portal del Palacio. Una bala hermana arrancábale la vida. ¿Era posible resistir a este fratricidio inconsciente? Salí con precipitación hacia el portal.

¿Quién había dado tan desatinadas órdenes? Nadie supo decirlo en tanto que se esforzaban, vanamente, el jefe de la columna de Ametralladoras y otros más, en hacer oír su voz. Yo fui directamente hacia los soldados que manejaban las ametralladoras. Tomé sus brazos y les ordené que cesaran el fuego.

Sea sorpresa o convencimiento, ante el impulso de desesperación con que mandaba, todos me obedecieron cesando, por fin, un conflicto que podía ser de funestísimas consecuencias. [...]

Extiéndese a la izquierda del Palacio la calle de la Compañía. Nuestros soldados domínanla desde el techado de San Luis, colegio de Jesuitas.

No por primera vez un Gobierno veíase obligado a hacer de este convento un punto de defensa. Situado junto al Cuartel de Artillería, hácese absolutamente necesario ocuparlo en ciertos casos, por lo que el Jefe de artilleros había ordenado que se practicara, en la pared que dividía ambos edificios, una perforación que diera libre entrada, interiormente, mejorando de esta manera, las condiciones de su defensa.

Siguen las calles en línea recta hasta las faldas del *Panecillo*; desde allí atacan directamente al Palacio donde se siente el empuje de nuestros enemigos.

Atenta a todos los detalles, hice desfilar en guerrillas parte de la Columna de Ametralladoras que defendía el Palacio. ¡Con qué entusiasmo aquellos hombres valerosos lanzábanse al combate, desafiando la muerte! ¡Héroes humildes, satélites de la gloria, cuyos reflejos no alcanzan a disipar la oscura noche en que vivieron!

Si es verdad que participábamos de los mismos peligros y recibíamos de frente las mismas balas enemigas, tributables yo mi admiración sincera.

–Es *más valiente que nosotros la Generalita*–, decían aquellos hombres intrépidos, creyendo en su adorable sencillez, que alguien pudiera exceder al valor lleno de abnegación del infeliz soldado, cuando no está sujeto por los lazos férreos de la disciplina.

Los espectadores cuya dudosa simpatía aguarda el éxito para revelarse; aquellos indefinidos en política, preguntábanse entre las rejas de sus balcones, cómo el entusiasmo de un ejército puede llegar hasta combatir por sí solo; cómo el ardiente fuego del patriotismo convertía en soldados heroicos a jóvenes que, apoderándose de un arma, acudían por doquier que la acción se empeñara, en nuestra defensa.

Los soldados en muchos sitios avanzan solos sin que se les señale el triunfo; empero lo conquistan. Los guerrilleros no ven la cara de sus oficiales y, sin embargo, saben por voluntad y por costumbre, el camino que debe conducirles a la gloria. ¿A qué, pues, una voz que reanime el valor, si éste no languidece? Y avanzan, avanzan a paso de vencedores.

Cada vez óyese más lejano el estruendo de los rifles.

El Coronel Juan Francisco Morales, entonces Comandante del batallón 14, se presenta para darme parte de que tan sólo dos compañías quedaban en su batallón, en el portal de Salinas, y para consultarme si debía o no, lanzarlas también hacia las calles.

–Esas compañías deben formar parte del cuerpo de reserva– contesté al valiente jefe, que rebosaba de orgullo al ver que sus subalternos no daban la victoria.

Impaciente yo, recorría de un extremo a otro el portal del Palacio. Me detuve al ver la batería de San Agustín defendida por el Subteniente Molina, en el instante mismo que da un salto y cae sin vida. La bala certera de un cañón enemigo rompe una cureña y atraviesa el pecho del joven guerrero. La cureña fue reemplazada; el cañón volvió a lanzar su mortífera carga; mas el héroe expirante no levanta los ojos sino para legar a los patriotas la sonrisa inmortal del Espartano.

¿Acaso fatigaré la atención al ocuparme de cada una de estas gloriosas muertes que renuevan al supremo dolor de presenciarlas?

¡Ah! ¡No! Este dolor se impone con fuerza tal, que no puedo renunciar a su recuerdo cuando describo la dramática acción en que me viera empeñada.

Nuestro ejército con impulso irresistible había arrollado al enemigo y vencido todo obstáculo. El fuego menos vivo dejó oír distintamente el grito de victoria.

Dirígime entonces a Palacio desde cuyas ventanas se percibía lo que pasaba en el cerro. Tan sólo restos veíanse en el Estado Mayor enemigo, que disperso, huía desordenadamente.

Gruesas gotas de lluvia con monótono rumor caían sobre los tejados del campo, que envuelto todo en una atmósfera cenicienta, daba un tono más sombrío a aquella escena (173-186).

La prisión

¿Podré acaso bosquejar con entera serenidad de espíritu las amarguras de mi prisión?

Quiero llevar la mente después de algunos años, a la cárcel de paredes ennegrecidas, deshecho pavimento y aspecto el más desagradable, que forma, sin embargo, el orgullo de mi vida.

Quiero penetrar nuevamente, con el recuerdo, allí, donde se condensan los dolores en un sólo suplicio: el de la esclavitud; donde hasta la muerte suele ser para algunos desdeñosa, pues se niega a cortar de un golpe, la cadena de sufrimientos morales y materiales, que como a mí, sabe atar a muchos, la cobardía de los hombres.

Dudo y no falta razón, que alcance yo a describir las horas de pena atroz que se sucedieron en mi cárcel, sin verter una gota de hiel sobre los terroristas, y en desagravio de esa misma pena soportada con dignidad, sobrellevada ocho meses con creciente fortaleza de corazón.

No es tampoco una compasión tardía la que yo reclamo por los instantes que pasé entre los muros de esa prisión abierta al infortunio. Busco la publicidad y nada más, de ciertos hechos que arrojan viva luz para formar la Historia, delineando los caracteres de algunos individuos que han ocupado altos puestos en la República del Ecuador.

Por otra parte, descender a la lóbrega cárcel para encontrar en ella a una mujer que respiró el aire de momentánea soberanía; a la que cambió bruscamente, las suntuosidades de un palacio por las horribles miserias de un calabozo, es materia siempre digna de estudio para las almas no frívolas y que saben sacar enseñanza provechosa de los más serios contrastes de la vida (243-245).

Los pentaviros

Justo es explicar por qué enrostré a mis adversarios esa memorable fecha.

Después del asesinato de García Moreno, como se había visto en el primer capítulo, quedaron dominando sus principios y sus hombres. Podría decirse que en política, García Moreno sobrevivió algún tiempo, si bien se notaba la ausencia de su talento y de su ilustración.

En efecto, la historia de los últimos tiempos atestigua que salvo el paréntesis de la administración de Veintemilla, el alma de García Moreno ha seguido y sigue gobernando el Ecuador.

Pocas veces se ha visto en Quito un movimiento más espontáneo que el que tuvo lugar el 2 de octubre de 1875, día de la caída de los terroristas.

El temor de ser parcial e injusta en la relación de los hechos, o en mis apreciaciones, me obliga a omitir ciertos sucesos y a palidecer la expresión con que debiera pintar el entusiasmo del pueblo quiteño, llevado hasta el delirio en aquella fecha.

—¡*Abajo los Salazares!* fue el grito unánime que se lanzó en la Capital, y no hubo remedio: los Salazares cayeron.

El General Francisco Javier Salazar, pálido y tembloroso, salió de Palacio. El pueblo le esperaba con intención de sacrificarle; mas, como para derrocar la tiranía habíanse confundido con la multitud jóvenes distinguidos como los Valdivieso, José Fernández de Madrid, los Gangotena y otros, Salazar pidióles auxilio y, fuertemente asido del brazo del Sr. Domingo Gangotena y Alvarez, pudo salvarse de la furia popular, en la casa de un diplomático.

En tanto, las hijas de este General, asómanse a las ventanas de su casa, ansiosas de ver llegar a su padre. Pero el pueblo al verlas se exaspera, le arroja piedras entre furiosos gritos, y las obliga a huir y refugiarse en ajeno domicilio.

Así cayeron los Salazares el 2 de octubre de 1875.

¡Cuánta diferencia en las manifestaciones de un mismo pueblo y en la caída de dos gobiernos! (273-275).

En el calabozo

Al día siguiente fue dada la orden de que todo el que quisiese verme penetrase con libertad completa hasta cerca de las puertas de mi calabozo.

A las doce del día agitábanse grupos de hombres del pueblo y soldados exigiendo, ansiosos, que me presentara a su vista.

Ignoraba la impresión que les causaría mi presencia. Tomé, no obstante, el partido de acceder a sus deseos mostrándome a ellos con afabilidad.

Entre asombrados y risueños, prorrumpieron todos los que no me conocían, en un ¡ah! bastante cómico.

–¿*Qué jovencita!* –decían unos, y otros dejaban oír análogas exclamaciones.

Provenían sus lisonjeras frases de la sorpresa que les causara al conocerme, el contraste de la realidad y la creación caprichosa de su fantasía. Habíanme visto, esos –forasteros la mayor parte– en su mente, como una mujer de colosal estatura, de complexión y fisonomía viriles, de adusto ceño y por añadidura, vieja.

Natural es que encontrarme joven de veinte y tres años y distinta del grosero retrato que se forjaron antes, experimentasen después, una sorpresa que contribuyó a ganarme simpatías.

Pasado un momento, descubriéronse todos para saludarme.

No sospecharon los opresores que sus órdenes dadas para abrir ancho camino a las ofensas populares, se tornarían en motivos de censura de su conducta, aun entre muchos de sus servidores.

Renovábanse diariamente las demostraciones con que me favorecían cuantos llegaban a verme. Hombres y mujeres despedíanse de mi con aire taciturno y moviendo ligeramente la cabeza, como si obedecieran al impulso de una reflexión triste.

El sentimiento general que inspiraba mi infortunio, era el más dulce alimento para mi espíritu y seré franca; el más dulce incentivo también de mi amor propio. En esos instantes sentíame feliz bajo el sombrío techo que me abrigaba.

Una noche se arma espantoso ruido. La guardia se pone en movimiento, los centinelas gritan *atrás*, golpeando los fusiles contra el suelo, los oficiales acuden azorados y entre la multitud se destaca un hombre que avanza a pesar de la resistencia que le oponían. No hay obstáculo a su paso; forzando la guardia llega hasta abocarse a los guardianes de mi calabozo.

Un sólo hombre podía ser contenido fácilmente por muchos; pero, alentados los mandarines con la esperanza de que gastara sus bríos contra mí en insultos y amenazas, hicieron que se le franqueara al paso, después de una ligera pantomima.

El que así entraba era el Comandante Montenegro, natural de Pasto. De valor varias veces probado, sus medallas eran cicatrices de su rostro, y como si esto no fuera bastante, le faltaba un ojo, y no recuerdo si también un brazo. El arrojo de este hombre llegaba a trocarse a veces, en indómita fiereza a los impulsos del alcohol.

Llevaba un puñal en la cintura, como acostumbraban sus compañeros de proezas y, aunque estaba ebrio, conservaba la conciencia de sus actos y de sus palabras.

Cuando yo menos lo imaginaba, pasó sobre todos, viniendo a sorprenderme con su presencia.

Antes de que hablara la segunda edición del Mejía de que me ocupé anteriormente, me armé de esta frase irónica como único recurso contra la brutalidad de Montenegro:

–¿Busca usted aquí un hombre con quien batirse?

Me escuchó contemplándome con atonía y se detuvo.

–Vengo a visitar y conocer a la heroína –me dijo; a lo que respondí:

–Me alegraría más su visita si no fuera impropio de un jefe como usted atropellar la guardia. ¿No encuentra usted mejor volver mañana, pacíficamente?

No es del todo malo el hombre que se deja estimular para el bien.

Aquél de quien se esperaba vejámenes e insultos contra una prisionera, llegó hasta enternecerse.

Quizá era la primera vez que se mostraba dócil ante la debilidad.

–Tiene usted razón; yo volveré a visitarla como debo, como usted merece –me dijo–, y, seguidamente, se retiró prodigándome expresiones de afecto tanto más sinceras cuanto no eran inspiradas por el temor.

Salió indignado contra los que oprimían a la mujer cautiva. Colombiano como era, decía entre gritos y amenazas:

–*¡Ojalá ella hubiera nacido en Colombia. De qué distinto modo la tratarían!*

Y fue tal su contradictorio arrebato después de esta escena, que desenvainó un puñal y trazando con él círculos en el aire, llegó a herir a dos soldados que avanzaban para sujetarlo. Condujéronle por fin a la Prevención, cambiando la falsa resistencia del principio, en verdadera alarma por su actitud (279-281).

El viaje

Seguimos el camino a la costa.

En pocas partes presenta la naturaleza perspectiva más variada que en aquellos parajes que recorríamos a caballo, siendo inútil ya la diligencia.

Rompen la natural monotonía de las vegas muy anchas, multitud de chozas aquí y allá, sobresaliendo entre marcos verdes, pajizos o morenos, como la tierra fresca antes de los brotes.

Distingue el curioso viajero por donde quiera que vuelva la mirada, cercos de *maguey*, que, en imperfectos cuadrilongos, separan la propiedad de los indígenas; bueyes arrastrando el arado con lentitud; ovejas esparcidas al pie de levísimas colinas que matiza de rojo el sol poniente; mujeres y hombres entregados al pastoreo con sus vistosos multicolores trajes, y blancos penachos de humo elevándose al firmamento azul por la techumbre de las cabañas, en el horizonte sin término.

Esa misma tranquila sublimidad del paisaje, llévanos a buscar un reflejo de goces en la fisonomía del indio.

¡Qué amarga decepción sin embargo!

La ponderada frescura y buen humor del campesino europeo no tienen en América el trasunto que corresponde. Bajo un cielo mil veces más alegre, con una naturaleza imponderablemente más rica, el indio agricultor manifiesta, por los rasgos de su semblante, algo que es muy contrario a la dicha y pasividad del campo.

Humilde, en perfecta identidad con su buey, y encorvado sobre la reja en el surco, no parece labrar la tierra para ganarse el sustento. La postración de su espíritu diciendo está que ese grano arrojado en las entrañas de la madre común, fructificará para otro que no es su dueño. Rey destronado del Continente por las huestes de España continúa, bajo las pintadas banderas republicanas, sirviendo a los hijos de esos conquistadores que le desprecian.

¿Cuándo será la Libertad un hecho efectivo, en el pueblo, desde la baja California a Magallanes?

¿Cuándo las doctrinas liberales, triunfando de la servidumbre oscurantista, principiarán en la parte más bella del Nuevo Mundo, a ilustrar a esas masas dislocadas de la civilización? ¿Cuándo será el indio un factor del progreso, en vez de un elemento frío, inepto para constituir la fuerza misma de las sociedades?

Varias veces me he detenido a examinar en el camino a esos hombres y mi anterior envidia por la aparente dicha de sus faenas, no ha podido dejar de convertirse en lástima.

El indio del Ecuador es, sin embargo, inteligente y suave.

Profunda impresión me causaban las mujeres que deteniéndose en la vía, a nuestro paso, saludaban con curiosidad y respeto. Algunas cargando un niño a la espalda se dirigían por angostas veredas, armadas de hoces y otras herramientas campestres, o aportando también la comida de sus hijos, esposos o hermanos que aguardaban en el sembrío.

Las caprichosas vueltas del camino poníannos a veces, de frente a una casucha miserable donde hilaba una vieja o gritaban varios chicuelos confundidos entre los chanchos, gallinas y perros, indispensables en la morada de un campesino.

Todos esos cuadros me encantaban después de una reclusión tan larga en Quito, ya entre los halagos del poderío, ya entre las privaciones horribles de una cárcel.

Puedo decir que respiraba verdaderamente, y absorbía nuevos elementos vitales en esa atmósfera.

Por fin nos detuvimos en Chuquipoguio, tambo obligado para los viajeros, siendo como es, el único punto de reposo en el desierto.

Se siente allí un frío intensísimo.

Como todas las altiplanicies andinas, no ofrece a la mirada sino horizontes dilatados en su circunferencia, notándose a veces picachos de nieve entre las lejanas rugosidades montañosas y que en nada destruyen tampoco la monotonía de la puna.

Estábamos a una jornada del *Chimborazo*.

Al anuncio de ver próximamente la ciclópea masa de rocas, por cuya falda había pasado ya de niña sin comprender su grandeza, sentí agitarse mi corazón lleno de júbilo.

Antes del amanecer estaban listas nuestras cabalgaduras, debiendo recorrer los páramos inmediatos en hora prudente, a fin de evitar el peligro del huracán que suele arrastrar en esas alturas, con imponderable fuerza, a los jinetes, precipitándolos al abismo.

Desde muchas leguas atrás se distingue el *Chimborazo*, sueltas al aire la fajas blanquísimas de su turbante de nubes.

Ya a cierta distancia puede mejor apreciarse, dibujando sobre el azul del cielo, con simetría artística, los dos ángulos grises del estupendo cono truncado por las nieves.

Aquella montaña, vista desde lejos, parece, antes que una eminencia rocallosa, un monstruoso soporte de la celeste bóveda, enclavado en el templo más digno de Dios, sobre las cordilleras andinas.

El parador situado a las faldas del *Chimborazo* es miserable en la extensión más lata de la palabra. Cuatro paredes ennegrecidas y un techo de paja forman la vivienda aquella, donde no se ve mueble de ninguna clase, ni se disfruta de otra comodidad que la de estar al abrigo del cierzo.

Allí, sin embargo, han reposado multitud de viajeros de todas las naciones, gozando del magnífico panorama que ofrece esta eminencia sin rival en el Nuevo Mundo, con la natural admiración de que no se sustrajo el mismo Bolívar, ese otro *Chimborazo* de las americanas glorias.

¡Qué soberbio espectáculo el de la naturaleza por aquellos alrededores!

Un silencio, una soledad profunda rodean a la viajero que sale de su abstracción para sentir la huracanada brisa que viene desde la altura, a recordarle que se halla en presencia de uno de esos dioses gentílicos, que reclaman su adoración prosternándole.

Columna traquítica que se eleva a más de 6.000 metros, suspende el ánimo de admiración y salvaje terror, al considerar sus muros inconmovibles donde nacen y revientan las tempestades sin operar mayor cambios en los flancos de la montaña, que el que produce el leve viento sobre las catedrales macizas.

El golpe de vista que da la nieve del *Chimborazo* es magnífico. Abraza una extensión inconmensurable, ese blanco deslumbrador en la eminencia, necesitando de base como la que tiene para herir los ojos en forma de un lienzo enorme entre los peñascos y el cielo.

Del cimborio de nubes que cubre constantemente esa altísima montaña, suelen desprenderse algunos copos que bajan hasta la parte intermedia; pósanse allí un instante y, como si tomaran aliento, emprenden nueva marcha hacia arriba, plateándose con la luz del sol a medida que se elevan.

El *Himalaya* de América no tiene competidor alguno por la majestad de su aspecto. Arranca ya de una bastante elevada meseta, con la gallardía que tienen ciertos montes perfectamente cónicos y aislados, entre las gigantescas vértebras de la cordillera.

Domina, pues, augusto el *Chimborazo* en aquellas soledades, como domina el genio de la Libertad sobre todas las culminaciones del Mundo (361-372).

Los pueblos hispanoamericanos

Los pueblos hispano-americanos arrastran casi todos una existencia idéntica.

Hay cualidades y defectos comunes de raza que no les permite entrar de lleno en el camino del orden. Siguiendo el paralelo de sus volcanes, viven con estremecimientos revolucionarios, periódicos y fatales, que van sin embargo, disminuyendo en intensidad conforme se ilustran las masas, cuya quietud y hábitos de trabajo corresponden al enfriamiento gradual de las materias terrestres en ignición.

El Ecuador, aunque desgraciado hasta el día, no tiene sin embargo, por qué perder la fe en sus destinos futuros.

Los pueblos más grandes y prósperos de hoy han tenido su noche negra de horrores.

Exigir de pueblos jóvenes como el nuestro, la madurez y el orden de los antiguos y al presente, tan poderosos, es exigir demasiado, desconociendo las sabias leyes de la Naturaleza. Esas leyes demarcan a las naciones un desarrollo tardío, casi morboso, cuando se atienen a sus propios recursos en medio de la ignorancia. Esas leyes no permitieron a las Galias del tiempo del César, sobreponerse a Roma, a la Rusia de Boris, supeditar al Austria, ni a la orgullosa Inglaterra de nuestros días, contrarrestar al poder marítimo de Holanda, en época en que las Islas Británicas eran ni más ni menos que cualquier pueblo americano del Sur, en su abandono, su atraso y sus discordias.

La corriente de progreso que viene dejándose sentir cada vez con más fuerza por las costas occidentales de América, traerá a no dudarlo, para el Ecuador, el desenvolvimiento intelectual y económico tan necesario al fin que se han propuesto los liberales.

¡Qué amargas al patriotismo, no obstante, son las victorias del mal sobre la probada honradez y sanidad de principios, en un país que comenzaba su marcha hacia destinos mejores!

El triunfo de los déspotas secuaces de García Moreno ha caído sobre el Ecuador como un eclipse de duración larguísima, tras cortas horas de luz y de esperanzas.

Los servidores a la causa liberal, durante el gobierno de Veintemilla, pueden decir en tanto, con la mano en el corazón:

–Tesoros no hay que hayamos defraudado, esclavitud que hayamos impuesto, sangre inocente que hayamos vertido, en los embates de una administración legitimada por el pueblo en su amor a la libertad y aspiraciones más grandes de justicia (409-411).

Madame Roland*

Entre las muchas mujeres que se singularizaron en Francia durante la gran revolución que comenzó con la reunión de los Estados generales en 1789, ninguna es, a mi juicio, digna de mayor estudio que Madame Roland, por ser esta mujer un tipo originalísimo que no reconoce igual en los tiempos antiguos ni modernos, dadas las circunstancias en que se halló y por las mismas varoniles exigencias de su carácter.

Los lineamientos de esta hermosa figura correspondían a un gran artista; pero el entusiasmo supliendo a la falta de luces y habilidad, presta fuerzas para emprender el presente trabajo sobre Madame Roland, tendiente no a glorificarla, porque de ello no necesita, sino a buscar los resortes de la ambición de un alma tan grande como la suya.

Conmovedor en extremo es penetrar en ese laberinto de la Revolución francesa, donde raros son los espíritus sedientos de impresiones que no se han extraviado alguna vez, ya siguiendo con excesiva piedad a las víctimas, ya enardeciéndose con las declamaciones exageradas de los verdugos. La impresión general que resulta de los hechos verificados en Francia durante aquel sacudimiento enorme, sin precedente en la Historia, es una impresión dolorosa, aunque seamos amantes de la libertad y profesemos el mismo credo político de los revolucionarios, porque la verdadera libertad es hermana de la justicia, y la justicia fue mil veces hollada en esa larga lucha emprendida a nombre de la libertad.

Un siglo ha trascurrido desde aquella memorable revolución, y en el flujo y reflujo de la democracia vemos asomar todavía las ensangrentadas cabezas de Dantón y de Luis XVI, interrogando al mundo si fue necesario morir como ellos en el cadalso para que continuaran los hombres odiándose por la desigualdad fatal de su cuna, y para que jamás pueda resolverse el problema de la igualdad para todos, siquiera en lo material del abrigo y del alimento. Apartándome de un estudio filosófico-social, al que se presta la

* *Revista Jurídico Literaria*, N° 24 (Quito, 1904): 356-363.

materia, fijaré mi atención, por hoy, únicamente en la *Gironda*, la más florida rama del árbol de la Revolución, donde aparece Madame Roland, como el más fragante y más bello de los brotes que acarició un momento el aura de la libertad.

En un círculo de hombres de talento como Vergniaud, Condorcet, Isnard, Fauchet y Sillery; de grandes caracteres como Brissot, Barbaroux, Gensonné, Lasource y Lacaze, tenía que sobresalir Madame Roland por algo muy superior a la belleza física, y que no le perdonaron sus enemigos ni en el patíbulo. Era un ser extraordinario venido al mundo a probar que los ideales de la justicia y el bien común caben dentro del cerebro de una mujer, de igual manera que en el del hombre, cuando aquélla se nutre desde la infancia con severas doctrinas; y cediendo a los impulsos de una especial organización, ejercita sus facultades en el campo de la política.

No es esto desconocer los verdaderos destinos de la mujer en el mundo. Si ella no se dedicase más que a tareas que repugnan de un modo natural a su sexo, vendría pronto a convertirse en una calamidad. No; la mujer no debe apartarse del camino que le trazó la naturaleza. Pero hay que respetar los designios de esa misma naturaleza, cuando diferencia sus obras hasta el punto de presentarnos a Madame Roland bajo la propia delicada envoltura de Santa Catalina de Sena. Ni la santa, ni la heroína pudieron sustraerse a los dictados de su corazón, formado el uno para los dulcísimos arrobos del cristianismo, formado el otro para moverse al arrebatador impulso de las ideas.

¿Por qué reprochar ciegamente a la mujer que se siente con el alma bastante enérgica para afrontar una situación semejante a la que dominó Madame Roland? Esta noble figura de la Revolución francesa se elevará siempre como una prueba de que el espíritu no se conforma a las circunscripciones de la materia, y que para elevarse muy alto no necesita los músculos vigorosos que ostenta el hombre. Propio es, sin embargo, de la vanidad masculina negar en lo absoluto a la mujer ciertas cualidades, y varón hay que se cree de buena fe superior a la de Roland, a la Staël, o a la Gertrudis Gómez de Avellaneda, sólo porque levanta un peso de doscientas libras y está dispuesto a dejarse matar en cualquier lance.

La animosa dama que reunía en su casa a los más grandes talentos de la Asamblea de 1789, había sido convenientemente educada para la lucha. Hablaba como un filósofo de moral y sociología; discurría como un sabio sobre la aplicación de las ciencias, y expresaba sus pensamientos con la claridad y método de un tribuno. Los amigos que la rodeaban no eran por cierto unos caballeretes ridículos armados de presunción y de galantería; eran los grandes hombres que se habían propuesto salvar a la Francia y los primeros también que quisieron adaptarla al molde de la República.

Joven y de extraordinaria belleza, no podía librarse de los ataques de la maledicencia de realistas y jacobinos, pero triunfó la verdad y brilla hoy su nombre en los anales de la Revolución entre los mártires impecables. Como en la región de las nieves no pueden alentar los gusanos, en el alma de una Roland, de una mujer noblemente ambiciosa es difícil que desarrollen las pasiones vulgares, que entregan sin defensa a media parte de la humanidad en los brazos de la otra media. Pasiones hay que viven en el ser humano a expensas de las demás pasiones, y el orgullo es un cuervo que acaba a picotazos con el traidor afecto, aunque éste se le presente con la inocencia y blancura de una paloma.

El papel de Madame Roland no fue tampoco el de una intrigante. Llevó a su esposo al Ministerio, no con el ardid palaciego que tanto le repugnaba, como republicana de corazón, sino con el valor impositivo de la *Gironda*, sobre la entonces vacilante política del monarca.

Allí, en el Ministerio desplegó Madame Roland las cualidades extraordinarias de que estaba dotada por la naturaleza y que habían sido robustecidas por el estudio. Los más arduos asuntos de Estado los resolvía ella, ante un pupitre, frente a su esposo, que siendo hombre de notable capacidad, cedía, sin embargo, al penetrante golpe de vista y finas observaciones que distinguían a esta dama llamada con mucha razón por sus coetáneos, el alma de la *Gironda*. Documentos importantísimos brotaron de la pluma de Madame Roland; documentos oficiales cuya concisión enérgica, y notable elevación de estilo, acusan a un gran pensador, que no a una mujer consagrada simplemente a las letras.

La famosa carta a Luis XVI, leída por el Ministro girondino en la Asamblea y que hizo el efecto de un cañonazo contra la monarquía, obra fue de Madame Roland, que ardía entonces con todas las indignaciones de que era susceptible quien amaba como ella la libertad y creía verla en peligro por las ocultas maquinaciones de la corte francesa con los austríacos.

En ese documento quizá como en ningún otro, palpita el corazón altivo de la Roland. En esa hoja que voló hasta los últimos confines de su patria, vése el espíritu de la Francia revolucionaria rompiendo como el sol entre nubes, para anunciar al monarca que su poder no es tan grande y que un pueblo tiene derecho de pedirle estrecha cuenta, cada vez que se juzga amenazado en sus intereses de orden primario.

Tuvo María Antonieta en Madame Roland una formidable enemiga, en tanto que aquella despedía desde Trianon y Versalles, los fulgores del poderío y de la riqueza. Ambas reinaban, pero en diversa corte. María Antonieta con el cetro de la galantería mostraba a sus pies una aristocracia satisfecha de prodigarle incienso y acompañarla en sus recepciones solemnes, aparatosas; Madame Roland con el prestigio de su talento se hacía obedecer de los hombres más altivos que tenía entonces la Asamblea, y en su casa, que no era por cierto un palacio como el de las Tullerías, se celebraban modestamente los primeros triunfos de la democracia. La austera dama; educada en la contemplación de los grandes caracteres antiguos, y que hizo de la república el ideal de toda su vida, no podía sin embargo soportar el orgullo de una princesa, que le recordaba como nadie la servidumbre, por el fausto con que se presentaba en dorada carroza cuando gemían en la miseria millones de hombres en el territorio de Francia.

Las hirientes, despreciativas alusiones que alguna vez hizo la esposa de Luis XVI contra los girondinos y su natural aliada, fortalecieron esta antipatía que iba acercándolas, por diverso camino, al suplicio. Aquellas dos cabezas jóvenes, de soberana hermosura, que se contemplaron de lejos, sin sospechar su común destino habríanse acercado tal vez hasta besándose con amor, a tener conocimiento de que una misma cuchilla iba a dividirlas, bien pronto, para mengua del trono y de la República.

¡Qué decepciones y qué contrastes guarda el destino, a veces, para los racionales de orden más elevado!

La reina de Francia y la sacerdotisa de la *Gironda*, mujeres ambas nacidas para brillar en primera línea, no pudieron sospechar en los albores de su poder, que sería un cadalso el termino de su vida. Preciso es recordar, no obstante, en honor de su sexo y de sus tan contrarios principios que murieron con estoicismo y que la altivez de raza en Maria Antonieta, obró el prodigio de la convicción en Madame Roland, subiendo a la guillotina con la misma sonrisa de desprecio en los labios, si no con igual sentimiento de orgullo en el corazón.

El tipo de la republicana es, sin embargo, superior en mucho al de la reina por la grandeza moral y por los principios. Sólo puede admitirse entre ellas un paralelo a la hora de la muerte, que no en su vida.

El alma de la republicana abierta a todas las irradiaciones del pensamiento, a todos los goces del apostolado y a todas las amar-guras del patriotismo, reflejaba en su centro todo un mundo tam-bién de sensaciones para la otra, Vivía en las alturas donde se forja el rayo. Electrizada por las doctrinas, tendía más a perderse en las nebulosidades del idealismo, que a gravitar con su cuerpo sobre la tierra. Tenía, en fin, algo de divino en su personalidad, buscando al clarear de las tempestuosas nubes amontonadas por ella misma, la perfección de lo humano hasta lo imposible.

Tan noble figura –doloroso es confesarlo– no habría tenido digno teatro en América.

Aquí, donde la inteligencia ha derramado sus dones sobre el bello sexo a competencia con la hermosura; aquí en nuestra Améri-ca Española, donde las virtudes femeninas desarrolladas de una manera tan espontánea, como la resina odorífera de sus bosques; aquí donde el heroísmo también ofrece ejemplares como Policarpa Salavarrieta y María de Vellido, no existe, sin embargo, un medio ambiente social que sea aparente aun, al desenvolvimiento de caracteres como el de Madame Roland, tipo sublime entre los subli-mes, y que debió la mitad de su valer efectivo a los hombres de concepto que la rodeaban.

A despecho de nuestra civilización, la mujer sudamericana es la esclava recién manumisa que ensaya sus primeros pasos en el terreno de la literatura, donde felizmente ha cosechado ya grandes triunfos precursores de otros de más valía con el transcurso del tiempo. Ella no puede aun aventurarse en el campo especulativo sin la obligada compañía de un hombre; ella en el aislamiento, no encuentra ni siquiera respeto fuera de su hogar, pues le asechan por una parte la brutalidad callejera y por otra la murmuración social, cuando no las feroces dentelladas de la calumnia. Para lleva al poder una idea, aunque sea la más pura y desinteresada, se expone al miserable tratamiento de favorita. No tiene, en una palabra, la culta, racional independencia que la mujer de Europa o de Norte América, y sus ímpetus generosos, mal comprendidos ante los ojos del vulgo, la empequeñecen

Habría quizá en América escapado Madame Roland a la guillotina, pero no a que desconocieran sus méritos los mismos por cuyo bien se sacrificara. La tragedia de su muerte, evitado tal vez se hubiera por conmiseración o cobardía de los tiranos, pero su figura grandiosa permanecería en cambio sin pedestal, se confundiría al cabo entre tantos ídolos grotescos de palo que llenan las pagodas republicanas de Sud América.

Las víctimas del doctrinarismo puro merécenos mayor simpatía que las demás, por lo que tienen de extraordinarias en un mundo cada día menos sensible a las sublimidades del corazón. Los fanáticos doctrinarios cuando perecen como Madame Roland, dejan en pos de sí una nota vibrante de desconsuelo; hacen desconfiar a los espíritus débiles de la realización de los fines más elevados e introducen el desorden en las ideas.

Pocos son los que ante la imagen del sacrificio no retroceden, y el crimen triunfante tiene también su moral ejemplarizadora para los buenos apocados que se mantienen eternamente en el campo de las teorías.

No quiero ofrecer a las mujeres en Madame Roland, un personaje digno, en lo absoluto, de imitación, porque ya lo he dicho, tal cosa sería salvar voluntariamente la línea separatista que les trazó la naturaleza; pero lo que pretendo sí, por la contemplación de aquella, es levantar el espíritu del bello sexo hacia los ideales del humanismo.

Sin pertenecer a sociedades políticas ni clubs revolucionarios, es dable a la mujer en cualquier condición que se halle, trabajar por el fomento de las ideas provechosas al género humano. Para esto como para nada se demandan la meditación y el estudio, siendo un axioma que el mayor nivel intelectual alcanzado por la mujer será siempre en positivo beneficio de la sociedad a que pertenezca.

Nutrido el cerebro femenino de conocimientos útiles y nociones generales en armonía con el progreso, ¿será posible al hombre, aunque se mantenga por su desgracia ignorante, no encontrar algo de lo que le falta en el consejo de su hermana madre, o esposa?

¿A quién concede más el hombre en el mundo que a la mujer? ¿Quién está como ella en el caso de auxiliarle y hasta de exigirle el cumplimiento de sus deberes? Monstruos, verdaderos monstruos han inclinado la cabeza ante el mandato de una débil mujer, y júzguese de la influencia que tendrán mañana en los humanos negocios las personas más instruidas de nuestro sexo por el sólo valer que obtuvo Madame Roland con los girondinos, sin poner a escote, como las intrigantes vulgares, el bien codiciado de su hermosura.

Que una mujer así nada tiene de común con las de su sexo, es un error muy vulgarizado y que merece combatirse con la razón.

En efecto, la piedad, el sentimiento caritativo es la nota dominante en el carácter de la mujer. Nadie podrá negar, sin embargo, que esa piedad arrastra al ejercicio del bien, de muy diferentes modos a la mujer, Y que a medida que aumentan sus facultades, aumenta el radio de su acción benéfica por el mundo. Los males que afligen a la humanidad serán siempre más lamentados por el sexo débil que por el fuerte. ¿Qué tiene, pues, de extraño que las desgracias inveteradas no solo de una familia sino de un pueblo, sublevaran el corazón de Madame Roland, hasta el punto de mezclarse en las filas de la revolución, pidiendo para su querida Francia el advenimiento de la liberad y de la justicia?

Nunca fue más mujer esta víctima ilustre que sacrificando su nombre, su reposo, su misma felicidad doméstica, a la incipiente democracia de 1789. Ardía en amor purísimo por el pueblo, y al escalar el patíbulo al lado de los girondinos en 1793, tiene derecho a que se le considere en el pináculo de la gloria. Ella derramó su sangre por el bien de los oprimidos; ella no satisfizo pasión ninguna, aunque la sintiera, y el mundo que contemple admirado a las Eloisas y a las Julietas debe colocar a Madame Roland en un puesto más elevado, porque ésta no fue heroína de amores como las otras, porque joven y bella se remontó la cumbre de las doctrinas, porque nacida al fin para amar como todas las mujeres –y aquí está su grandeza– no conoció el martirio por ningún hombre, sino por amor a la humanidad.

La religión de la humanidad*

Carta al Señor D. Juan Enrique Lagarrigue

Señor D. Juan Enrique Lagarrigue.

Señor y amigo de todo mi aprecio:
No cumpliría debidamente con el amigo e ilustre colega si no contestara por la prensa a la carta publica –impresa en un folleto de 42 páginas– que con fecha 18 de Arquímedes de 103 (11 de abril de 1892) me dirigió usted desde Santiago de Chile, carta que ha obtenido en Europa y América la circulación y aplauso que merecen la ilustre pluma de usted y el hermoso tema en que se ocupa.

Principiaré manifestándole mi profunda gratitud por las frases excesivamente benévolas y halagadoras con que juzga usted mis aptitudes para desempeñar la elevada misión de propagadora de las doctrinas filosóficas de Augusto Comte, colocando así mi humilde nombre al lado del de las eminencias literarias a quienes con el mismo fin ha dirigido usted sus importantes y moralizadoras cartas sobre la Religión de la Humanidad.

Confiésole, señor Lagarrigue, que mucho he vacilado antes de resolverme a darle pública contestación a su interesante carta; no por falta de entereza para discurrir y tratar sobre doctrinas que yo juzgo no solamente sublimes y morales, sino también capaces de abrirles nuevos senderos a las corrientes civilizadoras del porvenir, sino porque, más de un amigo y colega mío, juzgaban que sería peligroso herir la susceptibilidad del clero católico, harto intransigente en cuestiones de este género. Pero yo que tengo alta idea de

---

* Lima: Imprenta de Torres Aguirre, 1893.

la sensatez del clero de mi patria, y veo que en países esencialmente católicos, como España, México, y Chile, se escriben y publican libros y artículos sobre estos mismos temas, creo y estoy convencida de que no había esa corporación de querer llevar el estigma de fanatismo e ignorancia, tan ajeno a las sociedades del siglo XIX.

Creo también que muchos de los que desestiman las doctrinas de Comte es porque las desconocen en sus tendencias altamente moralizadoras y austeramente religiosas.

Y para aquellos lectores (en especial para las lectoras) que desconocen el positivismo o Religión de la Humanidad, en la cual Comte encerró todas sus teorías sobre moral social y religión positiva haré aquí ligero resumen de esas doctrinas aunque no sea más que para interesar la curiosidad a favor de esas enseñanzas dignas de ser conocidas y estudiadas.

Bien se me alcanza que abundan gentes para quienes es irrisorio y hasta ridículo hablarles de los grandes principios de una doctrina basada en la abnegación y el altruismo. Comprendo también que ese Gran Ser, que es la Humanidad, elevada al ideal de un símbolo, no imaginario e hipotético, sino real y positivo, es una idea abstracta de esas que la generalidad del vulgo rechaza como inverosímiles y absurdas.

Es pues arduo y dificultoso en nuestra época y en nuestras sociedades hablar de una doctrina en la cual se enseña que el interés personal debe estar subordinado al interés social, siendo el hombre, no más que el abnegado servidor de la Humanidad; donde no se reconoce otra sabiduría que aquella derivada de la más pura moral; de esa que es la ciencia suprema, a la cual todas las demás ciencias deben llevarle el contingente de sus luces; donde se proscribe la guerra, ese crimen nefando, y se pretende salvar al proletario y curar el pauperismo, ese cáncer social que carcome las sociedades modernas; donde se quiere que el amor universal inspire la conducta de los hombres, combine todos sus deberes, todas sus acciones, y sea el fin, el regulador de la vida social del hombre civilizado; hablar de todo esto en época como la presente en que las naciones se arman hasta los dientes y se enseñan los puños, rabiosas de que el miedo las retenga en actitud pacífica y expectante; hablar del altruismo y abnegación en sociedades donde tanto abundan los egoísmos de la egolatría y los fanatismos de anejos errores, parece insensata tarea propia de soñadores y utopistas.

Pero la historia, a la que debemos siempre pedirle lecciones, nos demuestra, que es precisamente esta la atmósfera necesaria para propagación de ese género de enseñanzas.

Las grandes doctrinas morales han hallado siempre difusión entusiasta y aceptación decidida allí donde la corrupción y la inmoralidad han minado con mayor estrago las sociedades y donde esas doctrinas llegan como la luz en medio de las tinieblas.

En el corazón del hombre, cualquiera que sea su obcecación, existe una fibra sensible que vibra siempre que la mano del Bien la pulsa.

¿Por qué hemos de desesperar pues, de que con todos sus egoísmos egolátricos, con todos sus fanatismos egolátricos, con todos sus fanatismos intransigentes, con todos sus odios nacionales, sean estas jóvenes y educables sociedades de América las iniciadoras del movimiento altruista que puede regenerarles y llevarles a la realización de un orden social que les proporcione mayor suma de felicidades y bienestar?

Las almas honradas y buenas que sienten la necesidad de vivir en el ambiente purificado por la moral se dejan seducir fácilmente por doctrinas que, como la Religión de la Humanidad, tiene fases bellísimas; como que en resumen, ella no es más que el principio de la fraternidad universal guiando la conducta de los individuos, combinando sus deberes, sus placeres, su vida toda para que de allí pueda derivarse, sin daño de unos y provecho de otros, el principio de: vivir para demás.

El fin primordial del positivismo no es otro que encausar y disciplinar las fuerzas materiales y espirituales que han surgido de pasado y que deben actuar en lo porvenir.

Como doctrina filosófica es también muy superior, por haber puesto en contribución a todos los conocimientos humanos; a tal punto que las matemáticas, la astronomía, la física, la química, la biología, la sociología, han sido reducidas a simples prefacios de la moral; o más bien, contribuyentes de la gran ciencia que, según el positivismo, es la moral; deduciendo de aquí que la verdadera ciencia es la que conduce al bien y que la sabiduría, no es posible sin la virtud.

En cuanto a sus principios como doctrina religiosa, quizá es demasiado sublime, por pretender llevar sus conclusiones mas allá de lo que el vulgo de los hombres puede practicar. El yo, ese sentimiento poderosísimo que es el centro de gravitación de todos los instintos más poderosos de la naturaleza humana, derivados del instinto de conservación y del amor a sí mismo, queda aniquilado en el positivismo de Comte.

Esto, si bien coloca a esa doctrina a una altura elevadísima, es la vez el escollo en que tropezarán y caerán muchos de los que pretendan profesar sus principios. Y esta, sin duda, es la causa de que el positivismo de Emilio Littre, frío, razonado y menos exigente, tenga por adeptos a gran número de sabios, filósofos y pensadores de la vieja Europa; en tanto que el de Comte, sin dejar de ser científico, es profundamente religioso.

Littre no aceptó la herencia religiosa de un maestro, y quiso hacer del positivismo una doctrina puramente filosófica y científica, sin ingerencia alguna con el sentimiento religioso, sobre el cual Comte construyó el grandioso edificio de la Religión de la Humanidad. Littre, abundando en riqueza de *positivismo*, rechaza todo conocimiento *imaginado*, y sólo acepta el hecho *verificado*; y así se eleva a lo *incognoscible* para explicar la inmanencia del universo por causas que están en el mismo. Comte menos metafísico y más humano, quiere que la ciencia y la filosofía se compenetren formando completa unidad, para que de ese consorcio nazca una religión positiva y universal.

Comte tuvo la elocuencia del sentimiento y del genio que seduce, porque es la irradiación de lo bueno y de lo bello. Littre tuvo solo la elocuencia del genio analítico, frío, y razonado. Comte se dirigió al alma afectiva que es el motor poderosísimo de la naturaleza humana; Littre a la razón pura, que es contemplativa e impasible.

¿Cuál de los dos llegaría a ser el verdadero Mesías del positivismo? No vacilamos en la contestación.

Las almas se conquistan por el sentimiento más bien que por la inteligencia.

Amar es más grande que pensar; y el amor tiene fuerzas de asimilación y reproducción que no alcanza el pensamiento, sino fecundado por el amor.

Cuando Augusto Comte predijo que la nación española había de darle sus mejores apóstoles acertó en cuanto a la índole afectiva y generosa del pueblo ibero; mas no en cuanto a la posibilidad de que pueda ser la primera en esa iniciativa.

La raza española es antigua y es creyente; y por confirmaciones históricas sabemos que la pureza de sangre es un elemento conservador, no un factor de progreso. Tanto más fija en sus creencias es una raza, cuanto es más antigua; tanto más apta para el progreso y más dócil a las innovaciones, cuanto es más cruzadas.

La decadencia de una raza va siempre unida a la decadencia de una religión; es como un miembro que recibe la sangre desoxigenada y anestesiada de un cuerpo que está en agonías.

Perdóneme pues, señor Lagarrigue, si le digo que discrepamos en opiniones, por más que en este punto usted siga a Comte cuando afirma ser más posible y hacedero convertir o catequizar a un creyente católico, haciendo de él un ferviente positivista, que no a un escéptico materialista. Paréceme esto tan hipotético como afirmar que es más factible llenar de líquido un vaso que está completamente ocupado, que llenarlo estando vacío.

La fe es un atleta invencible que defiende sus dominios denodadamente y sobre el cual, jamás nadie ha podido pasar, sino cuando ha caído herido de muerte.

No implica pues, desestimación por el pueblo español, el decir, emitiendo una opinión, que no será en España donde se realice la gran revolución filosófica que inicie la nueva era de la Religión Universal; si será en Paris, en ese pueblo cosmopolita donde se han concentrado todas las razas y germinan todos los cruzamientos imaginables; y donde las fuerzas intelectuales provenientes de esa condición fisiológica actúan poderosamente. Paris será su cuna; pero América será su centro de acción; América lleva en este punto la gran superioridad de hallarse libre de las leyes del atavismo que fatalmente encadenan a los pueblos a un orden de ideas impuesto con la incontrastable fuerza de la transmisión hereditaria; ella puede elevarse y empaparse en nuevas doctrinas y nuevas creencias, considerándose desligada de un culto cuyas magnificencias y esplendores están íntimamente unidos a otros tiempos a otros pueblos y a otras razas.

Hay algo más: el cristianismo para sus viejos y fervorosos creyentes tiene fases sumamente consoladoras y llenas de aliciente que no encontrarán en otra religión; él se adopta admirablemente a las aspiraciones del corazón humano, interpretando sus tendencias naturales, y ofreciéndole el íntimo consuelo tan halagador en esta desgraciada y mísera existencia, de alcanzar la vida eterna y la bienaventuranza completa, en cumplimiento de aquella hermosa promesa que dice: *bienaventurados los que lloran, porque de ellos será el reino de los cielos.*

El positivismo rechaza, y reprueba, toda idea de premios y castigos considerándola indigna de su moral altruista, abnegada y noble; quiere que la moral se depure de toda idea egoísta, que pudiera imprimirle ese mezquino y pobre propio del que atesora con el fin de acrecentar un caudal, o del que hace un sacrificio para recibir un premio, quitándole así a la moral esa aureola de pureza que debe llevar.

El positivismo no reconoce, es cierto, más que un solo Ser Supremo, y ese es la Humanidad; a ella deben referirse nuestras afecciones para amarla, nuestras contemplaciones para conocerla, nuestras acciones para servirla. Bajo la influencia de todos los esfuerzos humanos, obrando en el mismo sentido, supone que debe acrecentarse la suma de bienestar general, y por consiguiente, de mejoramiento de la vida social del hombre civilizado. En el positivismo el individuo no es más que un deudor moral, intelectual y material, de la colectividad humana, la cual ha sido elevada a la categoría de un símbolo que es el Gran Ser.

Con esta idealización, se ha querido sin duda, imbuir en el corazón del hombre el anhelo de su propia perfección, que es a la vez el de su único ídolo. Es así que el positivismo rinde culto no solo a la del pasado, como medio de inmortalizar sus virtudes y enseñarme a seguir su ejemplo.

Los principios de la doctrina de Comte no están en pugna con ninguna creencia religiosa, ni mucho menos con el catolicismo, al cual respeta y acata, reconociéndole los grandes servicios que ha prestado en su larga y meritoria labor de moralizar el mundo. De los trece meses que componen el calendario positivista, el primero lleva el nombre de Moisés y el sexto el del gran San Pablo, al que se le venera como a uno de los conspicuos y grandes y fundadores del catolicismo.

Usted mismo, señor Lagarrigue, ha hecho elocuente apología de esa religión cuando dice: "El catolicismo ha sido elaborado por lo más selecto de la Humanidad, como que tuvo en su seno, durante varios siglos, una serie de hombres eminentes por su corazón, su inteligencia y su carácter, eternos modelos de servidores de nuestro linaje".

Para los positivistas Santa Teresa es el tipo más perfecto de la santidad y el más acabado modelo de una buena servidora de la Humanidad. Y no sólo ella, todos los individuos, cualquiera que haya sido una creencia religiosa, si es que han propendido al progreso humano y al mejoramiento de nuestra especie, quedan virtualmente incorporados al Gran Todo, considerándoseles como fieles interpretes del sentimiento altruista, base y fundamento de la Religión de la Humanidad. De esta suerte se unen en el tiempo y el espacio todos los impulsos nobles que se manifiestan o se manifestaron en el orbe entero; pudiéndose unificar en un mismo sentimiento, y en una misma acción, todas las tendencias nobles y generosas del hombre.

El calendario positivista es la síntesis de la existencia humana, es la totalidad idealizada de cuantos movimientos, ya sea de afecto de utilidad, o sociabilidad, puede sentir el ánimo.

Los trece meses de que se compone han sido bautizados así: el de la Humanidad, el del Matrimonio, el de la Paternidad, el de la Filiación, el de la Fraternidad, el de la Domesticidad, el del Fetichismo, el del Politicismo, el del Monoteísmo, el de la Mujer, el del Sacerdocio, el del Patriciado, y el del Proletariado. A cada uno de ellos le corresponde una fiesta religiosa que viene a ser la expresión de los lazos fundamentales del orden social, y de las diversas fases y funciones, de la vida del hombre.

Además de estos nombres simbólicos, los meses llevan el nombre de alguno de los hombres que por su saber y sus virtudes hayan merecido bien de la Humanidad: idéntico método se ha seguido con los días de la semana, que también llevan nombres de hombres eminentes.

En cuanto a las fórmulas y prácticas del culto externo, el positivismo ha seguido el ejemplo de sus antecesoras, las religiones que le han precedido; y así como las religiones antiguas se copiaron las unas a las otras, y el paganismo reprodujo los dioses cabires de las religiones de los fenicios y los egipcios; y más tarde el cristianismo adoptó a sus ritos, muchos símbolos y prácticas tomadas del paganismo griego; así el positivismo aceptando la herencia, se ha asimilado algunas de las fórmulas del catolicismo.

Esta trasmigración de símbolos religiosos se ve con mayor claridad en la diosa Isis de los egipcios, convertida en Ceres por los griegos, transformada en Virgen María por los católicos, y hoy elevada a Virgen Madre por los positivistas.

En todas esas creaciones manifiéstase el sentimiento de lo bello y de lo bueno, divinizando a la mujer, por ser la criatura más simbólica de esos sentimientos.

Como doctrina sociológica, el positivismo contiene conclusiones que responden en la época actual a muchas situaciones de difícil solución; una de ellas es la que se refiere al socialismo, o la lucha del capital y el trabajo.

El positivismo, si bien se aleja de los principios del comunismo falasteriano enseñado por Fourier, que organiza el trabajo por medio de grupos y familias asociadas, aléjase también de la escuela sainsimoniana, que se propone nueva organización de la religión, de la familia y de la propiedad; tiene, no obstante, semejanzas con ambas por sus tendencias proteccionistas al proletariado. El positivismo quiere que la riqueza, que debe considerase la social en su fuente, lo sea también en su destinación, y para ello establece deberes por los cuales el capitalista, ya sea empresario propietario o industrial, queda obligado a dirigir sus capitales sin otra mira que la del bienestar social, quedando obligado a ser un cuasi gerente de sus propios bienes. El patriciado y el proletariado son dos entidades unidas por deberes y obligaciones, perfectamente deslindadas.

* * *

Tal es, a grandes rasgos la doctrina a favor de la cual se propone usted, en su elocuente y hermosa carta, inclinar mi voluntad para que yo consagre mi humilde pluma al servicio de su propaganda.

Sin que esta carta importe un compromiso de mi parte, quiero manifestarle, no sólo mi admiración y entusiasmo por sus principios, sino también mis dudas y las deficiencias que quizá por ignorancia encuentro en ella.

Confesaré, no obstante, que el positivismo en su parte más esencial, me seduce como me ha seducido siempre toda doctrina que se propone un fin grandioso, abnegado y sublime.

Años ha que mis creencias más íntimas respecto al mejoramiento de estas sociedades, mis únicas provisiones consoladoras referentes a la solución de los grandes problemas sociales que hoy agitan el espíritu humano, han tenido por única base y preferente norma, las enseñanzas de Augusto Comte.

Aquí en la historia de mi propia patria encuentro episodios recientes que confirman y aseguran estas creencias mías.

Jamás olvidaré, señor Lagarrigue, que, cuando el Perú se encontraba caído, ensangrentado y exánime, como el gladiador después de larga cruenta lucha, y las exigencias tiránicas del vencedor le imponían como contribución de guerra, el sacrificio de sus mas valiosas e importantes provincias; cuando los gobiernos de América en su casi totalidad contemplaban con culpable apatía y temeraria indiferencia levantarse la fatídica sombra de la conquista de América y el Perú, bajo la presión de la fuerza brutal de las armas, debía firmar el espantoso pacto de su propia desmembración; entonces en el mismo Chile, en la patria de los favorecidos por la victoria, levantose una elocuente y generosa voz para protestar del derecho de conquista de la nación peruana y su integridad territorial.

Y esa voz, señor Lagarrigue, fue la de usted que en nombre de la doctrina altruista de la que es usted ilustre representante, invocó la justicia para el vencido y la equidad para el pacto de la paz que debía ajustarse.

Y no solamente entonces; hoy mismo, en el Centenario de Colón, su virtuosa palabra se ha dejado oír pidiendo la reintegración de los territorios injustamente usurpados, o cuando menos, la devolución de naves y banderas.

Cuando la doctrina de Comte no tuviera otros títulos para llamarse benemérita de la civilización, este sólo hecho bastaría para manifestarnos que ella es la doctrina por excelencia civilizadora y humana.

Y la generosa voz de usted quedó confundida y apagada entre el clamoreo de los victoriosos, sin alcanzar más que las recriminaciones de los que calificaron de antipatriótica la noble conducta de usted. Y sobre los escombros humeantes de las poblaciones incendiadas, sobre la sangre aun caliente de hermanos muertos en cumplimiento del deber, sobre la ruina y desolación de todo un pueblo, no se dejó oír una sola protesta contra aquel ultraje a la humanidad y a la civilización. Pero sí allá, en su patria, ¿escucharía usted los cánticos y los *Te Deum* elevados en acción de gracias al Dios que preside las batallas, por haber guiado las huestes que asolaron y ensangrentaron a un pueblo hermano? No pretendo hacer acusaciones retrospectivas, ni recriminaciones a los que así procedieron. Comprendo que no debemos olvidar que todas las religiones que hoy se profesan en el mundo nacieron y se difundieron en épocas en que el espíritu guerrero era un elemento civilizador. Lógico y natural es, pues, que hoy continuando tradiciones y antiguas prácticas ¡se derramen bendiciones y se eleven cánticos en loor de aquel dios, a quien le plugo dar la victoria a la fuerza brutal de las armas, y no a la causa altísima de la justicia!

Citaré otro de los episodios elocuentísimos y recientes realizados en América bajo la influencia de la doctrina positivista.

En el Brasil ha caído un imperio y se ha levantado una Republica, sin que este portentoso cambio costara una sola gota de sangre derramada en holocausto a las instituciones republicanas, regadas siempre con la sangre generosa de los pueblos, en sus conquistas políticas.

¿Cuál es el secreto de este suceso único en la historia de la civilización?

Los posteriores acontecimientos han venido a revelarnos algo que todos ignorábamos antes. Es que la mayoría de los hombres de Estado que llevaron a término ese movimiento revolucionario profesaba el positivismo. Eran adictos a la doctrina que lleva por lema, *Orden y progreso*, y por síntesis de ella, *Vivir para los demás*.

Hoy más que nunca déjase sentir la necesidad de una doctrina que en nombre de la Humanidad, proscriba la guerra, esa herencia fatal que, como marca ominosa, lleva nuestro siglo. Necesitamos una doctrina que bajo la verdadera catolicidad del altruismo, estreche los vínculos fraternales de las naciones llevándolas al convencimiento de que la civilización moderna no debe reconocer más fronteras que las de la civilización contra el salvajismo, de la justicia contra la usurpación.

El patriotismo, ese sentimiento que hoy necesitamos enaltecer y estimular, porque es el vigilante altivo y celoso de las nacionalidades, ha sido de continuo explotado por las malas pasiones y compelido a guerras injustas y funestas.

La doctrina que venga pues, a enseñarnos que toda sangre vertida en los campos de batalla, ya sea por defender a un hombre, extender una frontera, o proclamar a un dios, es un crimen contra la Humanidad; esa doctrina ha dado gigantesco paso hacia el perfeccionamiento de nuestra especie y debe con perfecto derecho titularse bienhechora del linaje humano.

La paz perpetua entre las naciones será la última expresión que nos manifieste que la fuerza ha sido dominada por la razón; que el plomo le ha cedido el paso a la justicia. .

No ha muchos años que el Congreso Internacional de la Paz dirigióse en consulta al mariscal conde de Molke sobre el porvenir de esa generosa causa que se propone la extinción de la guerra. Molke, el gran estrategista que debe al arte de guerrear no sólo a su propia grandeza, sino también a la unificación de los Estados germanos, contestó abogando a favor de la guerra; y entre otros argumentos expone este: "Es innegable –dice– que la guerra tiene lados muy bellos, pues estimula virtudes que en la paz permanecen inertes con peligro de extinguirse".

Bien se colige que aquí se refiere al amor patrio, cuyo calor se acrece en presencia del peligro de los ultrajes y usurpaciones, consecuencia funesta de la guerra.

Tal razonamiento equivale a argüir a favor de las fiebres palúdicas, que fomentan la industria con la producción de la quinina y enaltecen la medicina que debe combatirlas.

El patriotismo, bajo el estampido de los cañones de dos bandos beligerantes es más el reflejo del odio al enemigo que del amor a la Patria.

Él es un sentimiento grande, noble y elevado, no por sí mismo, sino porque a él le está confiado el sagrado depósito de la autonomía de las nacionalidades amenazadas por los cañones de los ambiciosos y pérfidos; mañana, cuando esta amenaza haya desaparecido, será un sentimiento pobre y mezquino que al fin quedará absorbido por el gran amor a la Humanidad, que abraza a todos los hombres y a todas las naciones.

Hoy que la guerra no es sólo una calamidad de consecuencias inmediatas y pasajeras, sino trascendentales e incalculables, puesto que lleva a las naciones a la paz armada, mucho más ruinosa que la misma guerra; agotando así estérilmente sus presupuestos, cuyo déficit va a gravitar sobre el cansado brazo del proletario y del industrial; hoy más que ayer la guerra es horrendo crimen social, y la religión o la doctrina filosófica que llegara a extinguirlo, conquistaría simpatías y bendiciones nacidas desde lo más hondo de los corazones buenos.

Los que dicen que la guerra es el estado natural del hombre parecen no haber observado el movimiento sociológico que se opera en el mundo moderno: los hombres de guerra, de fuerza y de rapiña desaparecen rápidamente, en tanto que los pensadores, los filósofos, los artistas, los hombres de ciencia, se multiplican maravillosamente. En la historia misma del pasado realízase portentosa reacción. Comparemos a los hombres de espada can los hombres de idea y veremos empequeñecerse aquéllos y crecer éstos, tomando proporciones gigantescas. Y así Homero ha pasado a ocupar el pedestal de Aquiles; Aristóteles ocupa solio más alto que el de Alejandro; Shakespeare llena el mundo con la gloria de su nombre, en tanto que Wellington apenas sirve para estudiar cómo ganó una batalla famosa en colaboración con la suerte. Y en nuestro siglo, después que Napoleón, ese genio destructor mimado de la fortuna, muere en el peñón de Santa Elena, solitario y olvidado, sin más compañía que la del fiel granadero Bertran; y sobre su tumba cae el anatema de miles de madres desoladas y otros tantos huérfanos infelices; después de aquel drama elocuentísimo y terrible, ¡presenciamos otro sublime y conmovedor! Es la apoteosis de un genio benéfico. Y allá en el cerebro mismo de Europa vemos agruparse legiones de corazones, representando a todo el orbe civilizado, para ir a formar montañas de flores, regadas por mares de lágrimas, sobre la tumba de Víctor Hugo.

Cuando en lo porvenir, nuestro siglo sea simbolizado por alguno de sus grandes hombres, no se le llamará el siglo de Napoleón, sino el siglo de Víctor Hugo.

* * *

Se ha dicho que el positivismo es utópico, soñador y que a mayor abundamiento carece de un ideal. Sin dejar de reconocer sus deficiencias, creo que es posible aceptar lo que hay en él de grande y sublime, elaborando sobre las bases del positivismo la nueva fe del porvenir.

Una religión que no pretende imponerle a la razón su derecho de origen divino, lleva consigo la inmensa superioridad de ser esencialmente progresiva. Ella puede colocarse frente a frente de ese coloso que se llama Ciencia Moderna, no para ser desmentida y derrotada, sino para pedirle el concurso de sus descubrimientos, y ser a la par de él, la fuerza impulsiva de todos los progresos en el orden material y moral.

Yo no soy de la misma opinión de usted, Sr. Lagarrigue, cuando afirma que el positivismo es la Religión definitiva e imperecedera.

Para aceptar esta afirmación de usted necesario era, principiar por creer que el espíritu humano había de quedarse aquí, estancado e inmóvil eternamente.

Toda doctrina filosófica (y entiéndase que en este número cuento cuantas religiones han existido) no es más que la síntesis de una época, la expresión de los conocimientos y sentimientos de las generaciones que vienen elaborando sus principios morales.

Todas obedecen a las mismas leyes que en la naturaleza rigen la vida humana; tienen fuerzas de asimilación y reproducción en su juventud y llegan con los años, a la caducidad y a la muerte.

Así, el espíritu humano ha pasado desde el fetichismo, el politeísmo, el monoteísmo hasta el positivismo. O lo que es lo mismo, de la religión espontánea, nacida bajo el terror al mal y el amor al bien, hasta la religión *demostrada*, nacida de las ciencias positivas, puestas al servicio de la moral social.

¿Por qué no hemos de creer pues que, renovaciones y cambios radicales en la manera de ser social y moral de las futuras generaciones, y más aún, por grandes y nuevos descubrimientos científicos, se realicen evoluciones cuyo resultado sea nuevas creencias, nueva moral, nuevos principios que innoven todo lo existente?

Quizá si un día, lo que hoy tan vaga e indeterminadamente llamamos *suerte, destino, fatalidad, providencia,* o lo que se le quiera llamar, a esa fuerza hoy incógnita y desconocida, que guía los destinos humanos, llegue a ser una ley natural, o mas bien, uno de los muchos fluidos que actúan en el universo. Quizá si el magnetismo y el hipnotismo, puestos al servicio de la biología antropológica lleguen a descubrir nuevas fuerzas psíquicas, cuyo poder sobre el cuerpo humano sea lo que el timón para la nave, que le conduce por senda señalada y segura. Entonces las doctrinas morales serán como las cartas náuticas que marquen el derrotero libre de escollos y peligros.

Si el genio del hombre le ha arrebatado al cielo sus rayos y a la tierra el vapor y la electricidad, ¿por qué no podrá arrancarle sus secretos al alma humana?

Nuestra vanidad, hija de nuestro amor propio, es la que nos lleva a imaginar que hemos llegado en moral y religión al punto culminante de nuestras aspiraciones, cuando quizá no hacemos más que elaborar el limo con que ha de construirse el gran edificio del porvenir.

Hoy por hoy, la Religión de la Humanidad ha asentado las bases sólidas de una nueva doctrina, no definitiva e imperecedera; pero sí dando gigantesco paso que la coloca a la altura de la civilización moderna.

Dejando a un lado este punto meramente recreativo, vengamos a la utilidad práctica del positivismo y a su importancia como doctrina filosófica y moral.

Hoy más que nunca necesitamos una infiltración de sentimiento moral y de, ¿por qué no decirlo?, *religiosidad,* por más que esta palabra, simbólica del mundo moral, esté del todo desvirtuada y casi ridiculizada, a causa del sobrenaturalismo que la ha puesto en pugna con el sentido práctico de nuestra época y más aún, con los progresos de las ciencias naturales.

Hoy más que nunca necesitamos levantar los sentimientos generosos tornándolos activos y eficaces: despertar las aspiraciones a un orden social, donde aquel principio de la *lucha por la existencia* no sea la levadura que diariamente ponemos a nuestras malas pasiones, ¡emuladas por todos los egoísmos y aguijoneadas por todos los malos ejemplos!

Dictar con leyes bien acentuadas la moral, esa de donde se deriva la vindicta pública, escarnecida y burlada en nuestras sociedades; colocar la virtud y el talento, en el lugar que ocupan actualmente el dinero y la vil adulación; apaciguar la lucha del capital y el trabajo, que hondamente desorganiza las sociedades de Europa y América; estas profundas y radicales innovaciones sólo pueden realizarse al impulso de una doctrina religiosa, que hoy no puede ser otra que la Religión de la Humanidad.

Ya presiento que después de ésta, y otras afirmaciones hechas en el curso de esta carta, asomará desdeñosa sonrisa a los labios de algún lector escéptico y pesimista que me juzgará contagiada de la locura y el optimismo del Maestro y sus adeptos. Ello, caso de ser así, no debilitaría ni amenguaría mis convicciones.

El dictado de *loco* dado a Comte por sus contemporáneos es la repetición de una antigua tradición que de puro vieja ha llegado a ser vulgar. Lo excepcional y raro hubiera sido que Augusto Comte, siendo uno de esos genios innovadores y revolucionarios de primer orden, no hubiera merecido ese calificativo.

Loco y sacrílego fue Galileo, cuando dijo que la tierra giraba y el sol estaba inmóvil; loco y visionario fue Colón, cuando hablaba de tierras antípodas a las conocidas, hasta entonces; loco y misántropo fue Rousseau después de haber publicado el *Contrato Social* y el *Emilio*. ¡En 1752 encerraron a Diderot en Vicennes por haber publicado el primer tomo de la *Enciclopedia*! Y qué más, el mismo Jesucristo, según confesión de uno de sus discípulos, era mirado por los que no creyeron en su misión divina, ¡nomás que como un pobre loco!

La supuesta locura de los hombres de genio es la acusación más elocuente de la insensatez de los hombres vulgares.

A pesar de la locura de Comte y de todos los positivistas sus discípulos, la Religión de la Humanidad se difundiría, no lo dudemos, cuando menos en sus principios altruistas y altamente fraternales que sin duda son los más importantes.

Miremos la historia. El espíritu de progreso es generoso y expansivo, y sus manifestaciones son idénticas, tanto en los hombres como en los pueblos.

El egoísmo momifica a los pueblos y empequeñece a los hombres.

¿Cuáles han sido las colectividades que en el pasado han prosperado y prevalecido sobre las demás?

No son ciertamente las colosales razas asiáticas del Indostaní y la China, amuralladas en su egoísmo y sus tradiciones; son sí las diminutas razas de Occidente, que impulsadas por la generosa idea de expandir su civilización han ido a derramar su sangre en bien de sus semejantes.

El cristianismo, esa oscura secta judaica, llegó a ser grande y a dominar el mundo, no por otra virtud que por su espíritu de caridad; y la caridad, que en el positivismo se llama altruismo, y en el socialismo se llama solidaridad, no es más que el espíritu de confraternidad, que es el eje de todos los movimientos benévolos del alma humana.

Si la Humanidad tiende a algún fin, es sin duda a incorporar en la conciencia de la universalidad de los hombres ese espíritu de confraternidad.

Cierto es que la propaganda de nuevas creencias religiosas es en nuestra época, obra magna que demanda fuerzas colosales que debe vencer elementos fortísimos y casi insuperables. La iniciativa y difusión de las ideas, en este orden sociológico, no es ya como en tiempos remotos la misión individual de una sola personalidad; es más bien la obra espontánea y colectiva de muchas inteligencias y muchos corazones; es la inmensa labor en que entra a prestar su contingente el periódico, el folleto, el libro, la palabra hablada.

Pasaron ya para no volver las épocas en que los filósofos, los apóstoles, los enviados del cielo, caminaban seguidos por las multitudes y acompañadas de sus discípulos, perorando y predicando al aire libre, en plazas y lugares públicos.

La difusión de las ideas, si bien es hoy más rápida y fácil que antaño, se opera mediante largo y pertinaz proceso, por el cual nuestro espíritu llega al convencimiento después de haber pasado las ideas por el tamiz de la discusión y del aquilatamiento, proveniente más del frío del corazón, que del calor de la inteligencia.

El descreimiento progresivo de nuestras sociedades es síntoma no de razonamiento ilustrado y evidente, sino de escepticismo frío y egoísta.

¡Todos dudamos de todos, llevando la neurastenia, asesina del alma, en el fondo de nuestros pensamientos!

Y esta duda tiene ya raíces muy hondas; ¡es el ciprés sembrado sobre la tumba de la Fe, muerta por la mano de los filósofos del siglo XVIII! Sus ramas funerarias y lúgubres se extienden derramando sus sombras sobre nuestro espíritu

¡Hijos de una fe muerta, todos llevamos el signo de la orfandad!

Cuando Voltaire escalando las más altas cimas de las murallas teológicas exclamaba: –¡*Destruyamos a la infame*!; cuando Descartes, desnudándose de todas sus creencias cual si llevara la abrasadora túnica de Deyanira, proclamaba la duda como la mejor base de investigación filosófica; cuando Kant desmenuzando las doctrinas y pulverizándolas audazmente con la *Crítica de la razón pura*, sacaba la esencia y quinta esencia de ellas para deducir de allí su ineptitud y falsedad; cuando Vogt probaba que las leyes de la naturaleza son fuerzas bárbaras, inflexibles, que no conocen ni la moral ni la benevolencia; y Spinoza sentaba el principio de que todo es efecto de una necesidad absoluta, y que no hay libertad ni en el hombre ni en Dios; cuando Bichat probaba que la vida no es más que una excepción temporal de las leyes de la materia; una suspensión accidental de las leyes fisicoquímicas, que concluyen siempre por destruir al ser y gobernar la materia; y Haceckel exponía su teoría monística y evolutiva, para explicar la crearon de los eres; cuando en fin toda esa serie luminosa compuesta por sabios filósofos y poetas, levantaron el hacha destructora de su lógica, tanto más afilada, cuanto mayores eran las resistencias que se le opusieron; ellos no fueron más que destructores del pasado y sembradores de la duda.

No debemos renegar que así haya sucedido; ellos cumplieron su misión.

En la ruta que sigue la civilización, el genio del hombre desempeña dos labores bien diversas, aunque igualmente benéficas. Unos destruyen, otros reedifican.

En el siglo XVIII el hacha de los destructores fue más activa que la mano de los sembradores. ¡Ah! Quizá ellos olvidaron demasiado que la duda y el escepticismo son para el espíritu humano cual las nieves perpetúas sobre las altas montañas; ¡matan las plantas y sus eflorescencias!

Así como no hay luz que brote en el cerebro que no irradie su fuego al corazón; así no hay sentimiento que prenda en el pecho que no lleve su luz a la inteligencia.

La Religión de la Humanidad ha venido pues a llenar inmensos vacíos, aportando elementos poderosos de vida y sentimientos delicadísimos; ella puede ser cual la lluvia fecundante después que el hacha experimentada del leñador ha cegado los troncos añosos e inútiles que roban la savia al nuevo brote, destinado a dar el sabroso fruto.

Muchos son los que han arrasado los campos de nuestras creencias; muy pocos los que pueden volver a sembrarlos. Los sembradores de una nueva fe religiosa deben ser como los árboles gigantes de nuestras montañas; ¡elevar la frente hasta las nubes del cielo y penetrar sus raíces hasta lo hondo de la tierra!

* * *

Don Juan Valera, con la fuerza de razonamiento que le es propio, después de extremar las bondades y excelencias de la moral positivista, en la carta que contesta a usted, dice: "La moral que predica usted en su *Circular* religiosa es a mi ver la más pura moral cristiana, así en lo de precepto cuya omisión o infracción es pecado, como en lo sublime que puede llamarse de exhortación y consejo, adonde no pueden llegar todos y que pone como término de la aspiración virtuosa".

Sí, ciertamente, la moral del positivismo es la misma del cristianismo, ni podía ser otra, toda vez que la moral es una sola, única en sus fundamentos e invariables en sus preceptos.

La moral positivista como la cristiana, es la misma que ha más de dos mil años, enseñó Confucio y más tarde Budha; es la misma que enseñaron, Epicteto, Sócrates, Aristóteles y Platón.

Pero es el caso que la moral cristiana, con ser idéntica a la moral positivista, es ineficaz y del todo inhábil para corregir viejos errores e inveteradas costumbres, que solo pueden reformarse y modificarse al calor de una fe nueva y coercitiva.

Sucede con el poder o potencia edificante de las religiones lo mismo que acontece con el de los hombres. Supongamos –y esto va de ejemplo muy al caso– dos apóstoles, o si se quiere, dos individuos, cualesquiera que sean, que con el fin de predicarnos y moralizarnos, vinieran ambos para enseñarnos sus respectivas religiones, diversas en sus principios fundamentales, pero idénticas en su moral. Supongamos que esos dos apóstoles, el uno joven y el otro anciano, se nos presentan como modelos de virtud y santidad. En la larga historia de la vida del anciano hay sombras fatídicas y en su frente surcos profundos. Su cabeza encanecida, está agobiada bajo el peso de continuas luchas e incesante batallar. ¡Parece el vencido de diez y nueve siglos de combate! En la desesperada defensa de su fe, ha necesitado derramar torrentes de sangre y encender hogueras, donde arrojó vivos millares de seres humanos, y más de una vez, en su propósito de acabar con sus enemigos, entró a sangre y fuego en las ciudades y pasó a cuchillo a sus pobladores; ambicioso del predominio y vasallaje de todas las naciones del orbe, se coaligó con todos los monarcas, dio su venia a todos los tiranos y bendijo crímenes, como la espantosa matanza de la noche de San Bartolomé. Como quiera que su boato y sus fuertes milicias, le demandaran dinero, mucho dinero, se hizo comerciante y vendió sus dogmas, vendió su fe, vendió su conciencia misma; y la simonía llegó a ser mina riquísima, explotada infamemente. Para que la razón humana no protestara de tamaños errores e injusticias, se propuso mantenerla en tinieblas y mil veces extendió su mano para apagar la luz científica; ¡ese foco que el hombre alimenta con fósforo de su cerebro y sangre de sus venas!

Y ahora bien, perdone el señor Valera que le interrogue, diciéndole: si ese viejo apóstol cuyo pasado usted mejor que yo conoce, viniera a predicarle y a enseñarle el amor al prójimo, la fraternidad entre las naciones, la sobriedad en las costumbres, la democracia en las instituciones, la abnegación en los afectos, el sacrificio en pro del bien ajeno, el respeto al saber humano, la protección al proletario, que un día fue el pechero envilecido por el Sr. Abad; la dignificación de la mujer, que entonces fue también aquella virgen a quien ese mismo Sr. Abad, le arrebatara las primicias de su cuerpo que ella debía ofrecer al amor; si en fin, viniera a enseñarle que el amor al prójimo y la caridad deben ser el norte, de todas las acciones de la vida; dígame, Sr. Valera, ¿no es cierto que usted el escéptico por temperamento y por genial idiosincrasia, prorrumpiría en homérica risotada? Esto cuando no creyera usted que se le tomaba por uno de esos apagacandelas a quienes se les dice: "Haz lo que yo te digo, no lo que yo hago".

En cambio, ¿qué podemos enrostrarle al otro joven predicador o apóstol? Sus manos están limpias; ni una gota de sangre las ha manchado. Su pasado resplandece con fulgores de alborada, más brillantes que los del sol al despuntar en una mañana sin nieblas. No mira al cielo, mira a los hombres; sabe que allá en ese azul estrellado que él conoce palmo a palmo no hay más que materia cósmica, cuyas condensaciones han formado mundos y repúblicas de mundos, lanzadas en los abismos del espacio y del tiempo, para que allí germine eternamente la vida, en sus variadas e infinitas combinaciones.

Quizá las creencias de nuestro joven apóstol adolecen de todos los optimismos peculiares de la edad juvenil; quizá acaricia encantadoras quimeras y bellas ilusiones, propias de su inexperiencia; quizá entreve visiones celestiales que le llevan a vivir apasionado de imposibles y fanatizado por sus ideales; su corazón henchido de amor, vive embriagado de ternura; quiere que todos los hombres se amen, que todas las naciones fraternicen bajo el juramento de una paz perpetua; aspira al perfeccionamiento humano, llevado a su más bella y sublime expresión; quiere que la justicia impere en el mundo y que la virtud sea el norte de todas las acciones humanas. Si ha suprimido a Dios de su fe, es porque a él, el hijo predilecto y querido de la Ciencia, no le es dado acoger ni venerar al *sobrenaturalismo* a quien su propia madre después de largas y dolorosas jornadas, después de hondas y trabajosas lucubraciones, ha desquiciado, hundiéndolo en los abismos del pasado y remitiendo todas sus creaciones a las páginas de la historia, junto con el fetiche troglodita del hombre primitivo y las hermosas figuras del Olimpo griego. Su juventud y su anhelo por el perfeccionamiento humano le abren nuevos senderos para todo género de progresos; y aún si fuere necesario, aceptará innovaciones y transformaciones siempre que ellas no desvirtúen el fondo moral de sus doctrinas y sus principios científicos.

Este símil que malamente he esbozado, paréceme, en cuanto a la potencia edificante de ambas religiones, azas (sic.) exacto. El cristianismo crece hoy del don de sabiduría como del don de enseñanza, tan necesarios ambos en toda doctrina que se propone ejemplificar y ser maestra y directora del hombre.

La moral vive más bien del ejemplo que de la predicación.

Ya comprendo que los que quisieran anonadarme, e impugnar mis afirmaciones, habían de hablarme de los San Pablo, de los San Bernando, de los San Agustín, de los San Francisco de Asís y de las Santa Teresa, modelos, indisputablemente, de virtud y santidad, pero tal argumento sería tan inconducente como baladí; esa es la vanidad de ciertos nobles aristócratas, degenerados y viciosos, que su genealogía existió algún grande hombre, cuyas virtudes están muy lejos de imitar, sirviéndoles tan solo para hacer más odioso su envilecimiento y degradación.

* * *

Precisa insistir sobre el mismo tema ya que su solución puede ser decisiva, dada la ineficacia del teologismo y la metafísica, desprestigiados ambos en la opinión de los hombres de verdadera ciencia.

Acontece con las doctrinas nuevas algo bien injusto y reprobable: aquellos que carecen de razones y argumentos para combatirlas, según las leyes y reglas de la dialéctica, se parapetan tras una alabra (sic), y así atacan ideas con palabras, lanzándolas cobardemente a la faz del enemigo, prevalidos de la fuerza que la ignorancia del vulgo presta a ciertas ideas. Hoy esa palabra es: *ateísmo*.

Pero ¿qué es el ateísmo en la Religión de la Humanidad?

Desliguémonos de toda idea preconcebida, y de toda filiación de escuela o secta, y examinemos las doctrinas en su faz puramente humana, sin concederles más méritos ni otras virtudes que los que puedan derivarse de su influencia moralizadora y altamente social.

¿Qué es pues el *teologismo* como principio social, junto al *ateísmo* altruista? Mirado individualmente, es el egoísmo llevado hasta más allá de la tumba; es el yo de los pequeños agrandado por su propia ignorancia; ¡es la inmortalidad pretendida por seres que hacen dudar de la existencia de su alma! Llevado a la terrenidad de la teodicea, es el sanguinario y tenebroso dios Moloche, con toda su larga posteridad, entregándole el cetro del mundo al hombre divinizado por el amor; es la ceniza petrificada por el tiempo junto a la llama creadora y edificante del sentimiento. En los dominios de la ciencia, es la filosofía positiva imponiéndose a la filosofía teológica y metafísica; es, en resumen, la luz eléctrica apagando el pobre candil encendido junto al fogón de nuestros abuelos en su vida patriarcal.

Comprendo y me explico la necesidad de un poder sobrenatural incomprensible, y tiránico, imponiéndose a la razón, como la única deducción posible, del estado de postración y desgracias en que nuestros padres vivieron; comprendo que cuando los pueblos eran un mayorazgo y el trono un feudo, bendecido por el mismo Dios-Rey, y la legitimidad del derecho divino era lo que es hoy en política, la legitimidad de un Ministro Plenipotenciario; cuando la negación del sufragio universal era el signo de la impotencia de la voluntad del pueblo; cuando la Inquisición representaba la justicia divina y el verdugo era el ejecutor de la voluntad de Dios: cuando en fin, el cielo abrumaba a la tierra, llenándola de todos los terrores ingénitos a lo maravilloso y desconocido; entonces era natural y lógica la existencia de ese Dios, de quien podemos decir que su única justificación es el *no haber existido*. Hoy su justificación está en haberle revelado al hombre que Dios es *el espíritu humano guiado por su amor al bien*.

Y luego es insensato esperar que doctrinas elaboradas en un medio social esencialmente diverso al nuestro, como fueron las sociedades de Oriente, puedan tener fuerzas de coeficacia y represión en otras sociedades de diversas tendencias y aspiraciones.

No olvidemos que si la moral es una e invariable, su acción es nula, su eficacia impotente; si ella nos habla de virtudes que la civilización y la sana razón nos las presentan absurdas y hasta irrisorias.

El *ebionismo* genuinamente galileo, de que están infiltrados los orígenes del cristianismo, y que mira la pobreza suma como virtud celestial, le hacen de todo en todo antitético a nuestras poblaciones, centros de actividad, esencialmente comerciales e industriales, y que han menester un código moral adecuado a este orden sociológico.

Entre aquellos buenos galileos, que se llamaban hijos de Dios, y esperaban el fin del mundo con la fe candorosa de los *sanos de corazón* y nosotros, que nos consideramos hijos de la Humanidad, obligados a cooperar en el inmenso porvenir de nuestro linaje, hay una estela luminosa e inconmensurable recorrida por el espíritu humano que nos aleja y nos alejará de ellos, cada año, cada lustro, cada centuria, más y más.

Las épocas históricas que llamamos de transición, en las que ha sido necesario e inevitable abandonar una fe religiosa, empobrecida, caduca y moribunda, fueron siempre desgraciadas para la moral pública y la felicidad de los individuos.

Y ello nos da la pauta de lo que acontece en nuestras sociedades. Nuestro criterio moral de tal modo se ha relajado y extraviado, que sancionamos y acatamos el crimen y la inmoralidad, sin pedirles más pasaportes que el de sus apariencias de lujo y de faustoso bienestar.

El Mal ha desplegado banderas de triunfo, recibiendo homenajes y aplausos, en tanto que la Virtud se oculta en algunos hogares, solitaria y olvidada.

Con la apatía para la práctica del bien desconocemos todas sus satisfacciones, y olvidamos todos sus mandatos.

¿Qué nos falta a todos para encaminarnos por una mejor senda?

Nos falta el estímulo que impulsa y armoniza todas las acciones humanas. Hemos perdido la fe de nuestros padres y no tenemos aún una nueva que la reemplace.

Y esa fe, por desgracia, ya no es posible reavivarla, ni devolverle las fuerzas que ha perdido. ¡Está herida de muerte!

Diariamente le asestan sus tiros certeros y fatales, las ciencias, la razón, el arte mismo, que ha abandonado las fuentes ya agotadas del cristianismo para beber en las fuentes vivas del realismo.

Vivimos como las antiguas castas brahmánicas del Asia: una creencia tienen los hombres ilustrados y pensadores, y otra muy diversa el pueblo, dando por resultado una inmensa mayoría sumida en la más perfecta incredulidad y el más frío egoísmo.

¿Qué es el catolicismo para la parte masculina de nuestras sociedades? Es el mercantilismo cubierto con la careta de Tartufo.

¿Qué es para la parte femenina? Es un limbo donde su inteligencia le presenta a Dios, cortado por el patrón de los hombres más pequeños y donde su noble corazón practica la virtud casi inconscientemente.

Los hombres de principios honrados y sólida ilustración desprecian el tartufismo de los llamados católicos, y miran indiferentes, quizá compasivos, la irreflexiva virtud de las mujeres.

⌊En cuanto al positivismo, su acción es nula y casi aislada en nuestras sociedades; y esto fácilmente se explica: sus principios son demasiado sublimes y elevados, y si ellos se infiltran hondamente en los espíritus generosos y abnegados, hallan resistencias en los corazones egoístas y ambiciosos.

Augusto Comte formuló y publicó su catecismo positivista suponiendo, generosamente, que todos los hombres eran si no tan perfectos como él, cuando menos tan dóciles de llegar a ese estado casi sobrenatural de perfección.

Y mal que nos pese, es fuerza confesar, que las religiones deben hacerse para los hombres, más no es posible hacer hombres para las religiones.

Ya desde los tiempos antiguos, decía Aristóteles: "La del piloto en la nave, el cochero en el carruaje, el director en el coro; lo que finalmente la ley en la ciudad, y el general en el ejercito, esto debe ser lo religión en el mundo".

Más que un gran genio, Comte fue un gran corazón que según la gráfica expresión de Stuart Mill *vivió embriagado de ternura*

¡Ah! por desgracia la perfección ideal de una doctrina puede también ser grave inconveniente que la inutilice en su aplicación a la vida práctica. Y para no citar más que una de las deficiencias del positivismo, que por exceso de sublimidad, es inaplicable a nuestra condición social, me limitaré a la que se refiere a mi sexo; no con el fin de entrar en polémica, sino más bien con el de hacerle algunas objeciones que puedan servir para mayor ilustración mía y del público que quiera leer nuestras cartas.

* * *

Antes debemos sentar el principio incontrovertible de que, tanto en el arte que se propone el estudio y conocimiento del hombre, como en filosofía, con relación a la sociología, debemos rechazar enérgicamente todos los sistemas que alejándose de la verdad, se proponen la exageración, ya sea idealizando o degradando al ser humano.

Refiérome aquí a la idealización de la mujer por el positivismo.

El teologismo de los siglos primeros de nuestra era, pretendió humillar a la mujer cubriéndola de ignominia y presentándola como símbolo del pecado.

El positivismo, parece que en desagravio de tal injusticia, ha querido por el contrario, idealizarla, casi divinizarla, convirtiéndola en la única providencia moral que el hombre debe reconocer

Pues bien; yo diría que tan lejos de la verdad y la conveniencia estuvieron los santos padres con sus furibundas execraciones y sus furiosas conminaciones contra la mujer, como están hoy los positivistas en su generoso empeño de elevarla a una altura casi sobrenatural.

Y para que no se tome a prevención mía en contra del teologismo, o simpatía hacia la nuestra nueva doctrina positivista, copiaré algunas opiniones tomadas de las más culminantes lumbreras de la iglesia católica. Y al compararlas con las de los positivistas modernos, no es mi intención ennegrecer a unos, ni enaltecer a otros, sino meramente, manifestar que ambos incurren en error, mucho más excusable, es cierto, el error que exagera enalteciendo, que el error que exagera deprimiendo.

Tertuliano el insigne teólogo de la Cristiandad, dijo: "La mujer es la puerta del demonio, ella es la que rompió el sello del árbol prohibido, la primera que violó la ley divina; ella la corruptora del hombre, a quien Satanás no se atrevió a tentar; ella es la causa de que Jesucristo haya muerto, para redimir nuestras culpas" (*De habita feeminarum,* cp. 10).

San Jerónimo decía que: "la mujer era el origen de todos los males, pues por ella entró la muerte en el mundo; que ella aprisionaba las almas preciosas de los hombres; y que hablando en sentido espiritual, todo pecado en general se llama a mujer e iniquidad, y que a la mujer podría dársela el nombre de demonio o idolatría, o de iglesia de herejes" (*Comentar,* cp. VIII).

El *Eclesiastés* dice: "Así como de los vestidos nace la polilla, así también de la mujer procede la iniquidad del varón; mayor es la iniquidad del varón que la mujer benéfica, y la mujer confunde al hombre para su oprobio".

San Crisóstomo dice: "No hay en el mundo cosa comparable a la mala mujer. El león es el más fiero entre todos los cuadrúpedos y el dragón entre las serpientes; pero así son superiores a la mujer mala. Los leones respetaron a Daniel y los dragones temblaron a la presencia de Juan Bautista en el desierto; en tanto que Herodias pidió la cabeza de Juan en premio de haber bailado bien. ¡Oh, mujer! ¡Oh, sumo mal! ¡Oh, agudísimo puñal del demonio! Por la mujer cayó Adán; por ella entregó el mansísimo David al inocente Urías; por ella prevaricó el sapientísimo Salomón. ¡La mujer arrojó a los ángeles del cielo! ¡Oh, tú mal, peor que todo mal!

San Inocencio dirigiéndose a los padres del Concilio de Letrán decíales: "Guardaos de la mujer; ella va siempre precedida de la pasión y la petulancia; siempre la acompaña el hedor y la impudencia; siempre la sigue el dolor y la penitencia. Es un enemigo familiar que no se logra ahuyentar sino fugando, huyendo de él (*En coleti Tom*, 13).

San Isidro de Peluza dijo: "La castidad levanta al hombre hasta los ángeles y el matrimonio lo degrada hasta las bestias".

San Atanasio hablando también del matrimonio, dijo: "Dios se propuso primeramente que no naciéramos de matrimonio y corrupción; pero a la transgresión del mandato vinieron las nupcias por la iniquidad de Eva" (*In-psalm*, 50 Tomo 10).

San Gregorio de Niza: "Si el hombre no hubiera caído de la condición de los ángeles, no habría habido necesidad del matrimonio para la propagación del género humano".

Hasta aquí las opiniones de lo más granado e ilustre de la iglesia; y conste que me dejo en el tintero otras muchas que por absurdas y tontas, no merecen citarse, ni leerse, como el decir con San Crisóstomo, que el infierno está empedrado de lenguas de mujeres, lo cual desvirtúa la oración, puesto que, más que los hombres, son las mujeres las que se dirigen a Dios con fervorosas oraciones.

Otro santo varón, con más flamenquería y chiste que verdad, ha pronosticado que llegaría el día que los hombres han de subirse a los árboles huyendo de las mujeres.

Estas opiniones que hoy nos parecen pecados fenomenales contra la razón y la justicia, fueron en su época tan lógicas y aceptables como el más santo principio de moral. Es que el ideal de perfección y santidad que los fundadores del catolicismo concibieron estaba indefectiblemente basado en el celibato y la abstinencia del matrimonio; ser *misógino* era ser santo; natural y lógico era pues que la mujer, con toda su belleza y seducción, se les apareciera cual símbolo del pecado y la tentación. Y luego hay más; Eva fue la que infringió el mandato divino, seduciendo a su amante, para que comiera del árbol prohibido, quedando así responsable de las desgracias y males de toda su posteridad; aquella mala acción engendró odios y recriminaciones interminables contra todo su sexo.

Cuánta distancia y qué inmensa contradicción entre el concepto de los santos padres y el que los positivistas del siglo XIX hánse formado de esa calumniada mitad del género humano.

Usted, señor Lagarrigue, que es hoy el más conspicuo y benemérito representante del positivismo en América, en su magnífico libro sobre la Religión de la Humanidad, en el capitulo XXIII, dice usted:

"La mujer es la fuente de 1a virtud. De ella dimanan todos los nobles afectos. Su existencia la constituye el amor. Olvidándose a sí misma vive para los demás. La abnegación es su mayor felicidad. Tiene el instinto del bien y anda siempre buscándolo. El mal le repugna y sólo se acerca a él para transformarlo en bien. En esta santa tarea su paciencia es infinita hasta que logra el triunfo. El más duro egoísmo cede a la tierna influencia de la mujer."

"Esa es la misión efectiva de la mujer en todos los países y en todos los tiempos, aunque a veces haya sido desconocida. El ideal sobre cualquier materia aparece casi siempre en forma femenina. Todos los grandes sentimientos están personificados por el arte en la mujer."

"No existe un solo servidor de la Humanidad que no haya sido formado moralmente por la mujer. En toda vida bien llevada está, sin duda, aunque a veces no aparezca, la influencia afectuosa de una madre, de una hermana, de una esposa, de una hija. El recuerdo sólo de una virtuosa amiga, ha sólido bastar a los más grandes hombres. Tal les aconteciera al Dante con Beatriz, a Petrarca con Laura y a Augusto Comte con Clotilde de Vaux."

"Todas las acciones buenas del hombre tienen por inspiradora a una mujer."

"No hay ninguna mujer que desconozca mientras conserve puro el corazón, que el fin de la vida humana debe ser el perfeccionamiento moral. Siempre están amando el bien y haciéndolo amar a los demás."

"Nunca abandonan las mujeres esa labor santa."

Después de estas hermosas y elocuentísimas frases escritas por usted paréceme innecesario citar las opiniones de otras positivistas, a quienes usted excede en mucho en elevación de concepto y delicadeza de apreciación, respecto a las cualidades y virtudes de la mujer.

Diré sólo que, desde el Maestro hasta el más humilde positivista de nuestros días, todos se hallan acordes en reconocerle a la mujer la misión de redentora, beatificante e inspiradora de las buenas acciones del hombre.

No obstante, los que no queremos dejarnos seducir por utopías más o menos bellas, percibimos en medio de este cántico de alabanzas, en loor a nuestro sexo, la protesta de la Mujer respecto a la condición en que los positivistas la colocan. Es que hay en esa doctrina un punto... no, que es una muralla levantada para condenarla a eterna minoría y a eterna esclavitud.

¡El positivismo le veda a la mujer todas las carreras profesionales y todos los medios de trabajar para ganar por sí misma la subsistencia!

Y es aquí donde esa doctrina ha incurrido en gravísimo error, resultándole que, no obstante sus generosas miras, ella no mejorará sino más bien, afianzará la desgraciada condición en que hoy se halla la mujer en nuestras sociedades.

Es cierto que el positivismo instituye la obligación para el hombre de mantener a la mujer y caso –dice– de faltar el esposo, el padre o el hijo, tal obligación corresponde al Estado.

Es decir, que se la considera en el número de los incapaces o menores, faltosas de toda aptitud para sostenerse a sí mismas.

Estudiemos la condición de la mujer en su vida social y física y veamos si el positivismo llena las exigencias ineludibles impuestas a esa mitad del género humano.

Para que la mujer, a pesar de sus nobles sentimientos y levantadas aspiraciones, no se envilezca y degrade, precisa procurarle medios de subsistencia independientes del amor y del matrimonio. ¿Decís que sólo han nacido para madres de familia? Cierto; yo también lo creo así; ¿pero y las que no llegan jamás a ser madres de familia, para que han nacido? El matrimonio no es para todas un asilo seguro e infalible; y si se les deja ese como el único camino que pueden seguir, se condena a una parte inmensa a la orfandad y la desgracia, cuando no, al vicio y la prostitución.

¿Queréis que la mujer sea verdaderamente virtuosa, con esa sólida virtud positiva y útil a sí misma y a la sociedad? Pues abridle francos todos los caminos; más aún, impulsadla por la senda del trabajo, ya sea profesional, industrial o de cualquier otro género, adecuado a sus facultades.

No temáis que allí se corrompa.

El ocio y la esclavitud hacen mayor número de víctimas que el mundo y la tentación.

Cerrad para siempre esa puerta maldita del matrimonio *obligado*, ella es la entrada a todos los adúlteros y el germen de los infortunios de la familia.

Salvad a la mujer de esa esclavitud pasiva que mata las fuerzas vivas de su inteligencia y todas las energías de su voluntad.

La cuestión no atañe a la esposa, a la madre llamada a mantener el fuego sagrado de la familia; atañe sí a la mujer en general, tal cual la vemos en nuestras sociedades; inactiva, indolente para todo lo que se refiere a trabajos físicos o intelectuales e indiferente a todas las cuestiones que no sean meras, y fútiles recreaciones del ánimo. Se diría que la mujer, esa alma, ese corazón, ese ser, capaz de todo lo más grande, lo más sublime; capaz ella sola de modificar la constitución física y moral del hombre y regenerar las sociedades, no fuera hoy más que un objeto de lujo, un juguete de las pasiones del hombre, una víctima de sus propias preocupaciones, ¡un ser débil y desgraciado! ¡Tal la han puesto la educación, la esclavitud y la ignorancia!

Si el positivismo aspira llegar a ser el redentor de la mujer, como ha de serlo del proletario, debiera principiar por concederle toda la amplitud que ha menester para ejercitar sus facultades, sin más restricciones que las que le impone la moral sociológica, tan perfectamente definida en esa doctrina.

Tanto la vida natural como la vida social tienen exigencias ineludibles en todo individuo que pertenece a una colectividad dentro de la cual vive sin tener derecho a exigir más de los que él puede dar.

Teorizar prescindiendo de esas exigencias es exponerse a ver la realidad desmintiendo nuestras afirmaciones.

Si la mujer como individuo pertenece a la sociedad, los que pretenden endiosarla no harán más que perjudicarla, irrogándola positivo daño, puesto que tiene necesidades y deberes que son independientes de su misión de madre de familia. Negarles pues los medios de satisfacerlos es cuando menos una tamaña injusticia.

Si sólo se tratase de excepciones; es decir, si el número de mujeres que se quedan solas en el mundo, sin fortuna y sin apoyo, precisadas a subvenir a sus necesidades, fuera reducido o casi insignificante y nulo, sería quizá aceptable esa sujeción infalible para todas; pero con la elocuencia de los números estadísticos se nos presentan esos seres que son viudas las unas, solteras sin padres ni hermanos las otras, madres abandonadas del esposo o del amante aquellas, víctimas todas de las injusticias del destino y condenadas a vivir del producto de su trabajo.

¿Cuál es pues el arbitrio que en tales circunstancias debe seguir la mujer, caso que el positivismo no llegue a ganar las altas cimas del Estado, y éste no cumpla con sostener a esas *menores* que sin causa justificada, se constituyen en carga pesadísima y del todo estéril?

Si les quitáis el recurso honrado del trabajo, las dejáis expuesta a todos los peligros de la seducción, que no es más que el principio de la prostitución.

Toda puerta que se cierra al trabajo, es una puerta abierta al vicio.

Los que anhelamos ver el porvenir de la mujer asentado sobre la base sólida y segura del trabajo, no debemos transigir ni con los que la esclavizan y embrutecen, aniquilando sus fuerzas físicas e intelectuales, ni con los que, en su anhelo de endiosarla y dignificarla, le dan una sola destinación, que muchas de ellas no llegan a desempeñar jamás, condenando así un número inmenso a la esterilidad y el abandono.

Es error gravísimo el de creer que la vida de trabajo físico o labor intelectual puedan desviar a la mujer de su augusta misión de madre de familia. El instinto de la maternidad, que en ella se convierte en sentimiento poderosísimo, es tan preponderante en su corazón que no habría fuerzas humanas que pudieran desviarla de allí.

Delante de la cuna de su hijo, la mujer es madre, aunque a ello se opongan la educación y la sociedad.

Yo creo más, Sr. Lagarrigue, creo que si un día la mujer alcanza una posición social (la alcanzará, no lo dudemos, mediante su trabajo) que le asegure la subsistencia independizándola del trabajo ajeno, no sólo se moralizarán ellas, sino también y mucho más los hombres. Observe usted nuestras sociedades, estúdielas con su gran talento y verá cómo los hombres han perdido el poderoso incentive que puede llevarlos a la práctica de las virtudes sociales: sí, han perdido el *estímulo de elevarse a los ojos de la mujer.* ¿Por qué sucede esto? ¡Ah! es que saben por experiencia que la mujer, adscrita al hogar y sin otro porvenir que aquel que el matrimonio le ofrece, está precisada a mirar al hombre como a la única providencia que puede asegurar su porvenir y salvarla de la miseria; comprenden también ellos que por prostituido y degradado que un hombre se encuentre, no ha de faltarle una desgraciada que se le eche en brazos, pidiéndole protección y amparo.

He aquí, pues, desvirtuada y controvertida la gran ley de *selección,* por medio de la cual los organismos se perfeccionan, ascendiendo en la gran escala de los seres; ley suprema, base fundamental del perfeccionamiento humano, al que con tanto anhelo persigue la Religión de la Humanidad.

El día que el matrimonio deje de ser el único amparo, el único recurso de la hija de familia, los hombres se esforzaran por adquirir méritos que los lleven a ser merecedores del amor de una joven honrada que vive de su trabajo y no ha menester del apoyo de un marido.

El amor mismo tendrá base más sólida y duradera, y no las engañosas ilusiones condenadas a evaporarse al tocar las tristes realidades del vivir.

La mujer en el matrimonio, es un objeto costosísimo que los hombres no se atreven a poseer, en tanto que no hayan atesorado dinero suficiente para sostenerlo. Y ese dinero llega a adquirirse demasiado tarde, cuando han perdido toda la virilidad juvenil y el vigor que debe trasmitirse a la nueva generación.

Los hombres que hoy son codiciados para maridos, la heroica Esparta hubiéralos eliminado del tálamo nupcial por incapaces de dar hijos dignos de su patria.

Tal estado de cosas constituye por sí sólo una fuente perenne de males. El celibato forzado y triste en la mujer, y la soltería estéril y viciosa en el hombre, no podrán remediarse sino mediante el contingente de economía y trabajo aportado a la sociedad conyugal por ambas partes.

Bien se colige que tal obligación, de trabajar, no puede alcanzar a la madre de familia, de numerosa prole, cuyos cuidados deben estar exclusivamente consagrados a velar por la felicidad de su esposo y la educación de sus hijos.

* * *

Al contemplar en las páginas de la historia la vida de esa mitad del género humano, considerarla ora esclavizada e infeliz; ora prostituida y embrutecida, o bien anonadada y esterilizada en sus fuerzas físicas y morales, parécenos escuchar la voz tremenda de la conciencia humana que, personificada en la de una mujer, se dirige a las sociedades modernas para decirles: "Yo soy ciudadana de mi patria y si tengo deberes, debo también tener derechos; formo parte de la vida y soy miembro de la sociedad; mis fuerzas físicas, como mis fuerzas intelectuales, son suficientes para sostener mi propia existencia; me condenáis a la pasividad inactiva y a la minoridad vergonzosa, que es la esterilidad física y moral; y yo os digo que he enriquecido con mi trabajo el caudal de las fuerzas industriales, y con mi inteligencia, el caudal del saber humano. A partir de las primeras épocas de la civilización, he pasado desde la degradación de la *hetaria* antigua hasta el brillante salón de la cortesana moderna; desde el rico dosel de la sultana turca, hasta el hogar de la esposa cristiana; y siempre, ya fuera endiosada y admirada, ya vigilada y oprimida, me hallé cuando no envilecida, siempre esclavizada, siempre víctima de la ignorancia y las preocupaciones que en el curso del tiempo han atrofiado mis mejores facultades".

"Hasta hoy he vivido sin poder respirar el ambiente de la libertad, que fortifica el espíritu y ennoblece los sentimientos. Mi porvenir ha dependido de la elección, siempre injusta y caprichosa, que los hombres hacen de una esposa, y mi felicidad, de sus pasiones versátiles y brutale¡s. - Nada debo esperar de los hombres; ellos siempre han propendido a mi perdición; cuando quise ser su concubina, su largueza y liberalidad no han conocido límites; cuando he querido ser su esposa, he necesitado enseñarle la bolsa para atraerlo. Todas mis caídas han sido pagadas con el vil dinero que yo necesito para mi subsistencia. Todos mis gustos fútiles y perniciosos, mi amor al lujo, al fausto, a la vanidad, fueron acariciados y alimentados por los hombres en tanto que mis sentimientos de religiosidad, de abnegación y caridad, fueron olvidados y desestimados. Si pido trabajo es para emanciparme del mal que me embarga y me rodea; es para tener el derecho de independizarme y ser virtuosa. El derecho de la mujer es la razón guiando a la justicia; es la debilidad tomando asiento entre los fuertes."

Así hablará un día la Mujer y la revolución pacífica que al emanciparla de todas las esclavitudes, inclusive la de su ignorancia y su obligada prostitución, se realizará indefectiblemente.

* * *

Bien quisiera, señor Lagarrigue, no poner reparos ni con una sola palabra, a aquel otro punto en que el positivismo condena tanto a la mujer como al hombre, a guardar la viudez, caso de llegar a ella, por el resto de la vida; debiendo tanto la viuda como el viudo considerarse unidos, con vínculos indisolubles a esos seres muertos a quienes debe amarse con amor inquebrantable, ¡aún más allá de la tumba! Es tan bello imaginarse que el amor puede ser eterno, y alcanzarnos hasta cuando cae deshecha en polvo nuestra envoltura terrestre, que, ¡aún en hipótesis nos encanta verlo así aceptado! Pero como en toda cuestión que se refiere a la vida, no debemos mirar al cielo sino a la tierra, no a ideales sino a hechos; le diré que si hay algo que con más elocuencia desmienten les hechos es el suponer que las impresiones amorosas puedan ser imperecederas. ¡Ah! si el amor se evapora y muere aún al calor y abrigo de un feliz y tranquilo hogar, ¡cuanto más posible es que así suceda habiendo desaparecido los seres que fueron objeto de ese afecto!

Apenas si como excepción de una regla general suelen verse aquellos amores fidelísimos, que, como el del Dante para Beatriz, el de Petrarca para Laura, el de Eloisa para Abelardo, el de Augusto Comte para Clotilde de Veanx, fueron guardados junto a la tumba del ser querido.

Más no es dable que las excepciones referidas a seres superiores puedan servir de norma para leyes fundamentales que deben reglar las costumbres.

Tal prohibición sería el germen de relaciones y ayuntamientos ilegítimos e inmorales que damnificarían a la mujer y también a los hijos.

El amor, si bien es frágil e irresistente a la acción del tiempo y los desencantos, es fuerte e impetuoso en sus primeras manifestaciones; y jamás se le vio aniquilarse y morir bajo las imposiciones o mandatos de leyes, ni divinas ni humanas.

El matrimonio es la base más sólida para la moralidad de las costumbres y la tranquilidad de los hogares; prohibirlo, ya sea a la viuda o al viudo, es desquiciar la moral social, cuyas bases deben asentarse sobre la constitución física y moral del individuo.

Toda imposición que se dirige a los motores afectivos, que son independientes de la voluntad, no puede tener más consistencia que la de un cabello sujetando a un águila.

Legislar contrariando la facultad de amar propia de nuestro espíritu es tan insensato como proponerse dictar leyes para sujetar las tempestades.

* * *

Otra objeción que debo aquí hacerle es la referente al régimen parlamentario, sustituido en el positivismo por la dictadura presidencial. Aunque ajeno este asunto a mis conocimientos y aún a mis gustos, que siempre se resintieron de aversión hacia todo lo que se refiere a la *política*, emitiré no obstante mi opinión, no sea más que para no dejar sin contestación los puntos de que trata la carta de usted.

Tanto la aversión de usted hacia el régimen parlamentario, como la de todos los que vivimos en estas repúblicas hispanoamericanas, es bien justificada. Los Congresos en la América del Sur no son más que agrupaciones de pobres entidades sin talento ni ilustración, hombrecillos escuchimizados, venidos de provincia y recibidos en la capital con no pocas sátiras y chuscadas de algunos políticos y periodistas; y no es esto todo; muchos de ellos por todo programa de sus futuros trabajos parlamentarios traen en su cartera una cifra escrita; es el precio que esperan recibir por *el voto* en alguna cuestión de grandes trascendencias para la patria.

Pero seria insensato juzgar el régimen parlamentario, que entre nosotros es el representativo, por lo que acontece en estas jóvenes Repúblicas de Sudamérica; estudiémoslo en países más antiguos y por consiguiente mejor organizados, que el nuestro, como la Suiza en Europa, o los Estados Unidos en América, donde el régimen representativo es la expresión de la democracia, que quiere el gobierno del pueblo por el pueblo mismo.

No olvidemos que cuando Augusto Comte escribía su *Política Positiva* imperaba en Francia Napoleón I; natural es que, bajo la influencia de aquella presidencia dictatorial, pero magnífica y sabia, sintiérase el Maestro inclinado a ese régimen, olvidando que Napoleón I fue Napoleón único; y que en estos países de América debemos decir: "Si muchos lo hacen mal, peor lo hará uno sólo".

Nuestros ensayos de dictadura fueron siempre tan desgraciados que el nombre sólo nos espanta.

La autoridad omnímoda y autocrática es un licor fuertemente estimulante que trastorna el cerebro y malea el corazón.

El vértigo de las alturas del poder es tan peligroso como el vértigo de los abismos; la caída es inevitable y terrible.

El poder dividido entre grupos bien organizados, equilibra las fuerzas del organismo político, del mismo modo que en el cuerpo humano equilíbranse los movimientos por grupos de nervios y tendones.

Gambetta, el gran repúblico francés, decía: "Las repúblicas no perecen nunca más que por la usurpación de un solo hombre, de igual modo que las monarquías no caen sino por la acción de las masas populares".

Presidencia dictatorial aquí, en estas Repúblicas de Sudamérica, donde puede decirse que la política y la virtud son dos ideas antagónicas, que rara vez se encuentran juntas; donde se realiza con espantosa evidencia el principio de Maquiavelo que dice: "En política rara vez se hace la elección entre el bien y el mal, sino entre el mal mayor y el mal menor".

El poder en la mano de un solo hombre, es un arma terrible puesta a merced de sus pasiones.

En los pueblos en que el partidarismo domina en los espíritus, la acción de los mandatarios se hace sentir por la opresión de los buenos y la exaltación de los infames.

Las autocracias dictatoriales, aún siendo ejercidas por hombres sabios y benévolos, son funestas en sus resultados; ellas abren la entrada a los tiranos y perversos, que se adueñan de ese poder ilimitado, para ejercitar sus infames y vitandas inclinaciones, y dar pábulo a sus crueles pasiones. La dictadura de Augusto, sabia y proficua en resultado para las artes y las ciencias, fue, no obstante, fatalísima porque tras de sus huellas vinieron los dictadores y tiranos, llevando los horrores neronianos que fueron el principio de aquella serie espantosa de crímenes nefandos y tiranías sin nombre.

Y si miramos las dictaduras de nuestros tiempos y de nuestra raza, veremos repetirse los mismos hechos con las mismas consecuencias, agravándose el mal por ser el resultado inmediato del extravío de un hombre maleado y pervertido por la ilimitada autoridad dictatorial.

En el Paraguay, el dictador Francia principió por defender la independencia de su patria y concluyó con la más odiosa y cruel tiranía. En la República Argentina, Rosas, el tirano Rosas, fue en la primera época de su mando, un hombre justiciero y patriota; se propuso contener los excesos que habían cometido los militares unitarios contra los paisanos federales; mas tan pronto como se vio dueño absoluto del mando, cuando comprendió que para su voluntad no habían leyes, ni derechos, su inteligencia se ofuscó, sus sentimientos se pervirtieron y fácilmente llegó a encenagarse en el crimen y la tiranía, llevados a tal extremo que deshonran no sólo a su patria, sino a la humanidad.

En Bolivia vemos a Linares, hombre honrado y de nobles senti-mientos, que tuvo sus ideales más o menos progresistas o más o menos discretos. Pero al ejemplo de ese arbitrario gobierno, se entronizaron más tarde Yánez, Melgarejo, Morales y Daza, turba-multa de dictadores que humillaron a sus conciudadanos y man-charon la historia de su patria.

El mismo Balmaceda, a quien usted mejor que yo conoce, fue diputado, ministro y presidente distinguido de la República. En todos esos cargos, reveló ser hombre honrado, generoso, de ideales liberales y democráticos, sumamente adelantados; y no obstante, en su nombre y a pretexto de autoridad ilimitada, sus secuaces y partidarios, cometieron abusos y crímenes que sin duda a él mismo no le fue dable impedir.

Y conste que no cito a otros muchos dictadores que, como López y García Moreno (éste si bien no tuvo el título, lo fue de hecho) no merecen figurar en el número de los hombres bien intencionados a quienes el ilimitado poder de la dictadura extravió su índole sana y generosa. Ellos son seres monstruosos y desequilibrados que la naturaleza produce excepcionalmente.

Se acusa a Solano López de haber militarizado el Paraguay con el propósito de erigir un trono, cuyo cetro llevaría él, tomando el título de primer emperador del Paraguay. Lo que sí está fuera de duda es que él fue la causa de la triple alianza que llevó la guerra y la desolación a las comarcas de ese valeroso pueblo.

En cuanto a García Moreno, parece que no tuvo otro ideal que convertir al Ecuador en una provincial romana de la Edad Media, soñando llegar a ser el un Nuevo Torquemada.

Estos y otros hechos históricos han obedecido a la lógica fatal e inexorable de la sociología. El gobernante que carece de leyes que restrinjan sus ímpetus voluntariosos, o refrenen sus pasiones exci-tadas de continuo por la adulación y esplendor que le rodea, des-conoce fácilmente la distancia que existe entre la verdad austera y la mentira aduladora, entre lo justo y lo injusto, y sólo encuentra por norma, su voluntad, muchas veces dominada por seres peque-ños y vulgares.

* * *

Epilogando y resumiendo las ideas emitidas en esta carta, escrita con escaso método aunque con harta sinceridad, por ser ellas brote del corazón más que de la inteligencia, diré a usted: creo que el cristianismo sigue la ley fatal ineludible impuesta a todas las religiones que mueren por falta de dinamismo social y vitalidad moral; creo que el positivismo con grandes, aunque no sustanciales modificaciones, le sucederá ventajosamente, llevando por égida de sus doctrinas, todo el magnífico caudal que la Ciencia Moderna ha de prestarle; creo que, en un lapso de tiempo, no tan largo ni tan borrascoso como fue el que tardó el cristianismo para llegar a dominar el mundo, llegará a su vez el positivismo a ser la religión oficial aceptada por todas las naciones y venerada por todos los hombres; y entonces se realizará la gran unidad religiosa pronosticada por De Maistre y emprendida por Comte; ella dará por resultado la caída completa de todas las religiones hijas de la fantasía imaginativa de las razas orientales y manifestación del sentimiento de lo maravilloso, propio de la infancia de los pueblos; pero quedará subsistente la que ha sido elaborada por la razón y el amor a la Humanidad, en colaboración con las ciencias positivas; creo, y esta creencia consuela mi alma y ha de confortar mi ánimo si, como no es imposible, llegan hasta mí las conminaciones de los que se consideran defensores de una fe contra la cual nadie contribuyó tanto a su actual desprestigio y a su próxima muerte, como ellos mismos, ellos, que jamás quisieron comprender que no el lucro, sino el amor, no la predicación sino el ejemplo, no el egoísmo, sino la abnegación, deben ser los medios de propaganda de toda doctrina moralizadora; creo, decía, que una nueva era ha de iniciarse y consolidarse, llevando por fundamento las doctrinas filosóficas de Comte; en ella el hombre alcanzará mayor suma de felicidad, de satisfacciones íntimas y de tranquilidad pública y doméstica; quizá también (esto lo considero hipotético), llegue a realizar todos sus grandes ideales altruistas; ¡ah! entonces la felicidad humana alcanzaría su grado máximo de grandeza!. Entonces el hombre se prosternará y doblará la rodilla, no ya abrumado por sus añejas preocupaciones ni atormentado por su actual corrupción, sino que se presentará elevado, ennoblecido, lleno el corazón de gratitud y amor. Y de sus hoy mudos y escépticos labios, brotarán bendiciones y cánticos en loor a los hombres de este siglo, que tan abnegada y trabajosamente han elaborado la Religión de la Humanidad.

Haciendo votos por la prosperidad de Ud. y de su bienhechora propaganda, me suscribo con la mayor cordialidad su amiga y colega.

Mercedes Cabello de Carbonera
Lima, marzo de 1893

LUISA CAPETILLO

*Mi opinión**

Sobre las libertades, derechos y deberes de la mujer

Como compañera, madre y ser independiente

La mujer en el hogar, en la familia, en el gobierno

(Fragmentos)

Al publicar estas opiniones, lo hago sin pretender recoger elogios, ni glorias, ni aplausos. Sin preocuparme de la crítica de los escritores de experiencia.

El único móvil que me impulsará a dar a la publicidad este tomo es decir la verdad; la cual, aún aquellos que están en mejores condiciones y con más talento para decirlo, no lo hacen. ¿Por qué? Por susceptibilidades de opinión, por no apoyar conceptos de una idea, cuya doctrina la consideran utópica. Ese modo de juzgar no es suficiente para no publicar las verdades que encierra.

Todo lo que no puede realizarse inmediatamente es utópico. El éxito en un negocio es utópico, pues lo mismo hay probabilidades de ganancia, que de pérdida.

Todo lo que se asegura para época futura, de cualquier índole que sea, es utópico. Pues no hay la completa seguridad de que resulte como pensamos.

Diréis que esto es equivocación de conceptos, que no es utopía. Es cuestión de opinión... Mas yo entiendo que lo que otros consideran utópico, es en mi concepto realizable.

---

* Nueva York: The Time Publication Company, 1911.

La idea de "La Fraternidad Social y Benéfica" era utópica para muchos.

¿Y queréis una idea más fácil de practicar? No era Anarquía; no se llamó Socialismo. Sin embargo, muchos que vieron el fondo de igualdad, temieron y se opusieron, diciendo que era utópico, que era un medio de explotación.

Era Comunismo. Era todo amor. Los que acusaron a los iniciadores de encubridores de una nueva forma política, de explotadores, ¿quiénes eran?

Los que vivían y viven de la ignorancia del pueblo trabajador, ¿dijeron verdad? No. ¡Falsearon los hechos, calumniaron a sus apóstoles! ¿Qué concepto tenemos de los que se oponen a todas las ideas de igualdad y libertad humana? La de traidores y judas del Maestro. Todos los que juzgan una idea llevada a la práctica, utópica, son obstáculos, y los obstáculos deben empujarse a un lado. Son los que entorpecen las grandes iniciativas, las obras de bien.

Y aun así se llaman patriotas y padres de la patria. ¿Qué concepto de la patria tendrán? Un concepto egoísta, que empieza en ellos y termina en ellos. Ellos lo son todo.

* * *

No hay nada más perjudicial al éxito de una empresa, que la timidez, el apocamiento, la duda. Una especie de cobardía, que creo que solamente la poseen los vagos. No creo nada imposible; ni me absorbo de ningún momento ni descubrimiento, por eso no encuentro utópica ninguna idea. Lo esencial es llevarla a la práctica. ¡Empezar! Lo demás, es debilidad y un concepto errado del poder humano.

¡Querer es poder!
(Prefacio 5-10).

Mi profesión de fe
París

Socialista soy, porque aspiro a que todos los adelantos, descubrimientos e invenciones establecidos, pertenezcan a todos, que se establezca su socialización sin privilegios. Algunos lo entienden con el Estado para que éste regule la marcha, yo lo entiendo sin gobierno. No quiero decir que me opongo a que el gobierno regule y controle las riquezas, como lo hará, pero yo mantengo mi opinión de sentirme partidaria decidida del no gobierno. Socialismo ácrata*.

Bien yo aquí afirmo y declaro solemnemente, que para ser socialista es necesario haber analizado y comprendido la psicología.

Está en un error el que se crea socialista y acepte los dogmas, ritos y prácticas fanáticas de las religiones, pues el Socialismo es la verdad y las religiones impuestas son errores.

Está equivocado el que se crea socialista y es ateo, escéptico o materialista. El socialismo no es una negación, ni una violencia, ni una utopía. Es una verdad real y tangible. En el socialismo no está la astucia para vivir, ¡no! de un modo cómodo aun a costa del trabajo ajeno. No está el engaño, no está la imposición ni el imperialismo para con los débiles e ignorantes. El socialismo persuade con verdades, no hiere. En él está la razón pura, la armonía entre todos, la dulzura de carácter, la igualdad en todo. Es la verdad no la mentira. La sinceridad, no la intriga. He dicho la dulzura de carácter y habrá quien diga, eso lo predican las religiones. Pues bien, analicemos mejor. La razón es recta, serena, apacible e impasible. Jesús fue racionalista. Una persona que tenga por norma la razón no se violenta, no huye, no burla, no se alegra del mal de su enemigo o adversario

Pues una persona razonable no tiene enemigos, aún teniéndolos, no los odia. ¿Qué resultado obtiene? Si lo insultan o lo abofetean con la mano o con frases hirientes y corresponde en igual forma, ¿qué consigue? (Yo no puedo aceptar que sin un motivo se abofetee o maltrate a alguien.). Me dirán, pues, –desquitarse, vengarse. Pero la razón es serena, dueña de sí misma, no es vengativa, ni injuriosa, y un socialista por el bien y la emancipación humana debe ser razonable. El que tiene la razón por norma, es dueño de sí mismo, no es instrumento de la venganza y su consecuencia, el crimen, la violencia y todas las pasiones brutales.

---

* Anarquista (nota en el original).

El socialismo está en el luminoso cristianismo que socavó los cimientos del poder de los Césares, por la fraternidad. Y la fraternidad universal será la implantación del socialismo que es abnegación, dulzura, modestia, templanza, "Uno para todos y todos para uno". Seguros escalones que conducen a la perfección humana, para la libertad y el progreso espiritual indefinido aun por la pluralidad de mundos habitados superiores.

¡Instruyámonos para purificarnos, eduquemos nuestra voluntad para el ejercicio del bien y dejemos consumir bajo el influjo de la razón, el fuego de las pasiones, en holocausto a la emancipación humana, para la persecución del progreso espiritual! (167-184).

A mi hija Manuela Ledesma Capetillo

> De todas las concepciones y revelaciones antiguas
> y modernas: la de la pluralidad de existencias, es la
> única que satisface plenamente la lógica y la razón.
>
> Bouchet

¡Cuántas veces, hija mía, te he repetido, recordando esas frases de Lumen! ¡Vida eterna, sin fin posible!

Si pudieras alcanzar a comprender esas frases ¡Oh! hija de mis primeras ilusiones, angelical reproducción de mi único y triste amor...

Si comprendieras la grandeza de esas palabras que al pronunciarlas, cae uno de rodillas, rindiendo culto a la gran fuerza desconocida que se presiente a través de todos los obstáculos y todas las negaciones.

Nunca te he enseñado a orar, eso hay que sentirlo. No estás bautizada por rito religioso alguno. Te he concedido la más amplia libertad en cuanto tus gustos y deseos. No me agrada la violencia.

Lo único que deseo y espero de ti, es que seas una buena humana, no una cristiana de rutina, no. Una intérprete de las máximas de Jesús, sin oir misa, sin confesar ni comulgar, ni aceptar ninguna clase de errores, ni mentiras de las absurdas religiones materializadas.

En vez de ir a oir misa, visitas a los pobres y socórrelos, que podrás hacerlo; en vez de confesarte y comulgar, visita a los presos y llévales consuelos, algo que los instruya. No olvides que los que abundan en cárceles y presidios son los pobres y los ignorantes, las víctimas de siempre de todas las explotaciones.

Cuando se reforme esta sociedad indiferente y egoísta por la futura, fraternal y altruista, entonces, cuando no se cometan injusticias, cuando no se castiguen a inocentes, cuando los jueces no exijan "la verdad, toda la verdad, nada más que la verdad", siendo los primeros embusteros; cuando no haya quien robe un bollo de pan, porque carezca de él; cuando no exista la propiedad privada, y todos nos miremos como hermanos, entonces, y sólo entonces, desaparecerán las cárceles, presidios y las inútiles y perniciosas iglesias. No habrá miseria, odio ni prostitución. Existirá el libre cambio, pues estarán abolidas las fronteras y la verdadera libertad reinará en este planeta.

Procura tú ayudar con la práctica a la realización de estas hermosas ideas humanas para que no perezcan de hambre y de frío los infelices que no tienen hogar, ni riquezas, en los tristes portales de alguna cochera o pesebre, o de algún palacio, ¡qué irrisión! ¡Qué humanidad! a dos pasos de opípara mesa y de ricos y abundantes abrigos, perecer de hambre y de frío. Cerca de la prodigalidad y el despilfarro, el hambre, el dolor... pobres niños víctimas de la miseria... Parece un sueño, o cuento, y es una realidad que asombra... ¡Qué horror! ¡Qué falsos son los cimientos de esta llamada sociedad, que está basada en el crimen, el error, y la hipocresía!

Es necesario que apartes de tu mente todo pensamiento que pueda empañar tu natural sencillez, pues quizás nuestra separación pueda contribuir a dar cabida a sentimientos de filetes aristocráticos, que puedan hacerte creer en las diferencias de clases. No olvidarás que todos somos susceptibles al ambiente en que vivimos, que si hay alguna diferencia, entre los humanos, en su carácter, modales y figura, es debido a la forma de vida y educación y costumbres adquiridas, u obligadas a aceptar, por la misma, explotación.

Oye: Severine, en su libro *En Marcha*... relata infinidad de suicidios verificados en Paris, detallados en miles formas y en diversidad de ocasiones y circunstancias.

Es dolorisísimo leer esos relatos, conociendo el lujo que se derrocha en Paris, los espléndidos regalos que se hacen a los artistas (que merecen más), y olvidando la miseria que consume la vida de miles de personas. Lo que se derrocha en champagne y en miles de fiestas orgiásticas. Las sedas y brillantes, tu dirás, ¿nada de estos pueden usarse? Si, puede usarse todo hasta la exageración, el disloque, o llegar a la locura. Pero dime, ¿necesítase eso para vivir? ¿Según la sana razón y el recto juicio? No, me dirás, y ¿el comercio y la industria, cómo progresarían? Perfectamente, pues las miles y millones de familias que en el mundo carecen de ropa, de calzado, de muebles, de utensilios de cocina, de vajillas y cubiertos e infinidad de objetos necesarios que deben y pueden estar en abundancia en los hogares de los que se envejecen en las fábricas y luego, imposibilitados para el trabajo, recurren a la mendicidad y perecen en los hospicios o en las calles.

Dime, o medita mejor, cuantos miles y miles de sábanas, manteles, mesas, sillas, roperos, medias, calzados e infinidad de todas clases de artículos necesarios que se pudren hoy en los depósitos y almacenes; si se les proporcionara todo lo necesario a esas familias, entonces la fabricación de dichos artículos sería más numerosa y no habría lugar de que se pudriesen guardados habiendo quien los necesitase.

De qué modo podremos llegar a realizar estas ideas, si los explotadores no aceptan tales innovaciones ni se ocupan de remediar estas miserias, como no sea por medios que les asegure su poder, sus privilegios y distinciones. Dar limosnas y crear hospitales. Eso es lo que hacen.

Las instituciones religiosas han ayudado a fomentar esos privilegios y división de clases. Si los trabajadores en general, por medio de la instrucción no logran destruir los privilegios de castas, razas, jerarquías, y miles de majaderías que nos perjudican como seres humanos, entonces, la revolución lo hará. Muchos le temen a la revolución. Pero no hay como pertenecer a ella para que el miedo se evapore. Las cosas vistas desde lejos producen distinto efecto. De cerca, se llegan a palpar y desaparece lo que se llama efectos de distancia y también de apreciación.

Porque hay que suponer que la revolución social no será una asonada de tiros, por sorpresa.

Yo entiendo como Labriola, que: "La clase obrera no puede emanciparse si no determina apoderarse de la producción y 'absorber' el poder público". No para utilizarse. Para destruirlo. ¿De qué modo empezaremos a apoderarnos de los medios de producción? Por el sistema cooperativo; y de este modo, cuando hayamos acaparado la tierra y los instrumentos de un modo general, el gobierno queda anulado.

Hoy todo está en poder del capital. Los capitalistas no ceden sus "derechos" ni privilegios, la miseria es despiadada y ésta no sale del hogar obrero. Si cuando sale el rey con toda su comitiva resplandeciente de lujo, a paseo o al Congreso, sea en Rusia, Italia o España, y en el trayecto lo encuentra el infeliz padre de familia, que dejó en su hogar llanto y dolor y hambre, y no encuentra trabajo, ese hombre no se explica por qué ha de sufrir hambre, mientras el otro sin trabajar derrocha el lujo... y si surge un Mateo Morral, o Caserío, no es de asombrarse, consecuencia natural de las injusticias. Procura leer en *Sensaciones de un Cronista* de M. Abril, que es un libro delicioso, de lectura amena e interesante, unas páginas que sobre anarquismo ha escrito el distinguido literato y amigo. Recuerdo estos párrafos: "Pero surgen en Francia las huelgas de Cremiex y tras las huelgas, los atentados de Ravachol, y la ejecución de éste". Y Carnot al poco tiempo, cae bajo el puñal de Caserio". Y más adelante otro párrafo: "Llénase el castillo de Montjuich de prisioneros. Unos son fusilados y otros sometidos a tormentos tan bárbaros que dejaron muy atrás los realizados por la Inquisición".

Estos tormentos eran arrancarles la lengua, castrarlos, quemarlos y fusilarlos. Pues a pesar de haber escrito esto, el señor Abril opina, hija mía, que: "El anarquismo es un cáncer terrible que hay que extirpar" porque supone que: "Esa secta fanática y criminal parece formada para el ejercicio de la venganza".

Ahora yo desearía saber por qué fue que encerraron a los trabajadores en Montjuich ¿por darse el gusto de encerrarlos? Entonces el procedimiento anarquista es más justo. No es venganza, es justicia. Pero bien, hija mía, observa: ¿qué derecho tenia Cánovas para encarcelar, martirizar, triturar y destruir las vidas de los infelices trabajadores? Solamente porque se declararon en huelga para reclamar aumento de salario. (Creo que las minas eran del gobierno.)

¿Cuántos infelices inocentes han sido ejecutados y encarcelados, por épocas interminables, y por solamente ser pobres gentes, sin representación, sin riquezas, han pasado desapercibidos? ¿Y sus hijos y esposas? En la más cruel situación. En otro párrafo recuerdo que dice: "El hierro y el fuego no dan resultado".

"Pues apélese a la confraternidad humana". Con ella logró el cristianismo acabar con el poder de los Césares". Estas frases van dirigidas a los anarquistas: y a quien deben dirigirse es a los gobernantes y explotadores. Hija mía, no soy partidaria de la violencia. Pero nosotros decimos: "¡Que empiecen por dar el ejemplo los de arriba! No hemos de usar del derecho de legítima defensa cuando se nos explota, se nos oprime, se nos encarcela, cuando se nos fusila, o se nos agarrota, ¡solamente por reclamar nuestros derechos y propagar ideales de justicia y fraternidad! Sensible es la muerte violenta de un hombre, mendigo o rey, burgués o proletario, pero... ¿quién hace el ataque? ¿Quién ejerce primero de victimario, de verdugo, de asesino? ¿Vale más la vida de un poderoso que la vida de un desarrapado?"*

Hija mía, si no hubieran atormentado y despedazado y fusilado a los pobres trabajadores (que dejan numerosas familias) en Montjuch, cuando la huelga de mineros en España, Cánovas del Castillo no hubiera caído bajo el puñal de Angiolillo.

El gobierno emplea sumas fabulosas en municiones, pólvora, espadas, fusiles, para y por los trabajadores, para que si el burgués los explota, amenazarlos si se quejan. Y si se declaran en huelga, fusilarlos. ¿Con cuáles derechos? Con el de la fuerza y la ignorancia.

También en otro párrafo dice Abril: "Czolgostz asesino (¿por qué?) fría, serenamente, al hombre que eligió por víctima, sin odio, sin ensañamiento, guiado por una pasión, por una alucinación malvada creyendo como todo fanático que realiza una obra redentora". (¿Realizan los gobiernos alguna obra redentora con las guerras y encarcelando huelguistas y martirizándolos y dejando de este modo innumerables familias en la miseria?) "Y a Czolgostz se mata poco a poco, se le atormenta, se le desgarra el alma primero, y se le pulveriza después. Czolgostz para sus jueces, no simboliza

---

* Fragmento de *¡Tierra!* de la Habana (nota en el original).

nada, ni siquiera es un hombre, es una fiera encerrada en su cubil, a la que se pincha y atenacea."

* * *

Bien, ahora surge otra cuestión de ideas: soy creyente de la diversidad de existencias, y por tanto, de la inmortalidad del alma. Pero dicen muchos que los espiritistas y anarquistas son distintos. Y muchos no quieren aceptar que la anarquía y el espiritismo sean idénticos en el fin que persiguen. Pues bien, supongamos que no sean iguales. Los anarquistas dicen que el haber nacido les da derecho a disfrutar de todo lo existente y que no están conformes con carecer de todo lo necesario y después de una vida laboriosa, recurrir al hospital o a pedir limosna. Los espiritistas opinan que no hay efecto sin causa y que los que pasan hambre es porque la han hecho pasar; y los que sufren injusticias es porque la han hecho sufrir. Muy bien, todo esto será una verdad; pero los anarquistas no se conforman con eso y están en la obligación de llevarles a sus hijos pan, y hay que conseguirlo. Los espiritistas no tienen a menos de utilizar la explotación para atender a sus necesidades y disfrutar por todos los medios posibles de las comodidades. Y aunque estos medios no sean violentos ¿dejaran de ser perversos y artificiosos? No. Los anarquistas prefieren recurrir a medios prácticos, justos y valientes, antes que pedir limosna, o explotar por medios fraudulentos y criminales.

Hija mía, escoge, analiza, reflexiona, ¿quiénes son más razonables? Los espiritistas se atreven a decir al hambriento, al pordiosero: "Hay que tener paciencia, no sabemos qué hizo usted en la otra existencia".

Los anarquistas le dicen, etupido, ¿usted se degrada, se siente usted inferior a los demás y después de una existencia de trabajo, se ve usted obligado a pedir? Pues antes de llegar a ese estado, reclamen sus derechos. Y no siente deseos de dar limosna, no porque sienta menos, si porque se irrita con las injusticias, y dice que el limosnero es producto del régimen capitalista. Es natural que un cajón lleno pese más que uno vacío: si se acumula sin medida, dinero y más dinero, por una parte, la otra tiene que carecer de él. Si se pudren los productos de la industria y la agricultura en los depósitos, es natural que hayan hambrientos y desnudos.

Por tanto, los anarquistas no están dispuestos a consolar, como hacen los frailes aún, diciendo: "Bienaventurados los pobres porque de ellos será el reino de los cielos". Ellos dicen que el reino de los cielos está aquí y que los causantes de este estado son los usurpadores del trabajo ajeno.

Ahora, si los espiritistas están dispuestos a decir a los trabajadores que no reclamen sus derechos, que no pidan aumento de salario, que se conformen con la explotación de que son objeto, que no se declaren en huelga, que sufran con paciencia el hambre y la desnudez, porque ellos en otra existencia hicieron lo mismo.

¡Yo no se lo digo! ¡Y en nombre del espiritismo, menos! Y sin dejar de ser espiritista, les digo, que tan criminal es que ellos se dejan morir de hambre y desnudez, como que por llevarle pan matarán, y que antes de matar que asalten todas las ganaderías y puestos de pan o establecimientos de comestibles.

Los espiritistas no se atreven a decirles a los trabajadores que asalten las tahonas de pan. ¿Por qué? ¿De qué manera adquirió el dueño esa panadería, si sólo tenía $1.00 y ahora tiene miles? ¿Y cómo los que trabajan en la tahona no tienen en centavo? ¡Misterio! Ese es, el modo y la forma artificiosa y silenciosa de la explotación: es violenta, pues en contra de la voluntad de los trabajadores sostienen ese sistema. Los espiritistas dicen que se debe respetar la propiedad privada, ¿aunque se muera la gente de hambre? ¿Vale más la propiedad de uno o dos individuos que la vida y salud de miles de personas? Las bases o principios de esa propiedad, ¿cuáles son? El fraude y engaño, violento y artificioso.

Los anarquistas dicen, esa propiedad hecha de ese modo (y no hay ninguna hecha de otro) es un crimen; sustraer diaria y cautelosamente a miles de trabajadores una peseta de su jornal, para formar un capital, es un robo; la ley no castiga ese robo hipócrita con antifaz de virtud y honradez y nosotros le quitaremos el antifaz de un modo persuasivo y le haremos comprender que está en un error; si no quiere se lo arrancaremos. No es posible que éste derroche sin trabajar, lo que otros han trabajado. Los anarquistas convencidos del acto de justicia que realizan no pueden respetar la propiedad que es un robo.

Los espiritistas se llaman racionalistas, y los anarquistas también, y sin embargo los espiritistas no se atreven a atacar la propiedad conociendo su formación, y dejan mejor perecer la gente de hambre, y eso no es racionalismo.

Porque aunque sea privándose de comer, un individuo no debe hacer capital habiendo hambrientos y desnudos.

Los anarquistas no pueden respetar la propiedad privada porque saben que está hecha por la explotación; y si la respetasen, serían tan hipócritas como los que la hicieron, y no sería racionalismo. Lo que está basado en la razón, se analiza y no se oculta.

Yo acepto todas las misiones habidas y por haber, pero en cuanto hay desnudos y hambrientos, protesto. Si alguno ha escogido la misión de venir a vivir aquí a pasar hambre y desnudez, sabiendo que las leyes lo castigan, lo encarcelan; ¡y allí lo visten y le dan comida! Así la misión no resulta. Esto de misiones es difícil de analizar. Es en lo único que difiere al anarquismo y el espiritismo. En cuanto se llega al problema de la miseria, todos se equivocan. Los más acertados de acuerdo con la razón, hasta ahora son los ácratas.

Esto no es una crítica, es una comparación, hija mía, para que observes de cuál está la razón.

Son las ideas más elevadas, más de acuerdo con el progreso del siglo.

En todo lo demás, estamos de acuerdo, pluralidad de existencias, diversos mundos habitables, en fin la paz y concordia que debe haber entre enemigos, por la encarnación entre ellos, es decir la armonía universal, por la diversidad de existencias.

Tú aceptarás lo más razonable sin imposición de ninguna clase.

Necesitamos propagar para destruir el fanatismo que enerva y destruye toda clase de iniciativas. Los ignorantes creen que su salvación está en las oraciones, aunque su vida haya sido y sea un cúmulo de injusticias y egoísmos.

¿Qué clase de oración, y hacia dónde van dirigidas, si es creada por un corazón cruel? "Porque de lo que está en el corazón habla la boca."

Entiendo que la oración es innecesaria. Pero acepto que se envíen pensamientos de fuerza mental para contribuir al éxito, o a la tranquilidad de todos, o de alguno. Entiendo que nunca se debe pensar en que una acción o propósito, no se obtenga como se desea. Nunca, jamás he pensado, cuando he concebido algún proyecto, que no podré hacerlo. Esto era y es natural en mí: yo así lo sentía y ejecutaba, pero no sabía como se llamaba. Luego varias cartas que recibí del "Club Exito" Segno de Angeles, California, en las que me remitió unas tarjetas en una de las cuales dice: "La confianza y la constancia son las últimas pruebas de la habilidad".

Es decir que yo practicaba sin saberlo, por conocimiento innato en mí, la fuerza mental, misteriosa e invisible, en pro de mis empresas. Yo deseo una cosa, y solamente el desearla con tenacidad me proporciona la satisfacción de tenerla. Estas fuerzas educadas y robustecidas con algún procedimiento, supongo que debe ser el de la práctica, pueden llegar a ser poderosas.

Jamás me he propuesto hacer una cosa que no la obtenga. Y cuando pienso que puedo llegar a ser capitalista, me aterrorizo y me impongo, y digo "No quiero", "No quiero" con toda mi fuerza mental. Y prefiero estar incierta en cuestión económica, antes que utilizar los medios de la actual explotación. No quiero contagiarme. Toda la fuerza mental que utilizara no seria suficiente para destruir la sugestión de la riqueza. Es tan perniciosa la riqueza en el actual estado de vida que destruye todos los sentimientos humanos. Esto no quiere indicar el desprecio a las comodidades y abundancia, de una sociedad comunista. Pero actualmente sí, porque para obtener comodidades, necesitamos despojar a otros. Siempre he estado en la duda, si era que yo presentía, o que deseaba, pero son las dos, desear y presentir. Si muchas cosas que he pensado, me hubiera propuesto obtenerlas, lo hubiera conseguido. Pero me he detenido a pensar antes, que si hacía bien o mal, si no era violencia, o contrario a la libertad como yo la entiendo. Y me he abstenido en decidirme, por temor a beneficiar mi proyecto de un modo contrario a mis ideales.

He aquí porque cuando se piensa, o se propone llevar a cabo un proyecto, debe inmediatamente ponerse en práctica, llevarse a ejecutar sin temores, ni rodeos; porque se pierde la decisión y no hay igual firmeza. Debido a esa indecisión es que has estado en el colegio católico. Me hubiera propuesto, y no hay poder humano que lo hubiera impedido.

¡Esto hay que sentirlo! Sí, sentir el deseo vehementísimo, de realizar lo que está en la mente formado ya, y que nos impulsa a verificarlo.

De modo que nuestra fuerza mental, desarrollada a determinado grado, nos hace poderosos. Pero este individuo, para tener poder, necesita que sea de buenas costumbres, para que el aura que de él dimane, o le circunde, posea la fuerza de atracción hacia todo lo bueno, lo grande y lo justo. Un individuo colérico, impaciente, jugador, perezoso, el aura que le rodea, solamente puede atraer lo que esté in iguales condiciones, cuando dispone su voluntad para preparar o emprender algún negocio, o desear algún empleo. Esa aura que es como reflectora de su modo de ver, al ser impulsada por la voluntad a establecer la corriente, entre lo que ha de proporcionar lo que desea. Solamente puede establecer relación y atraer elementos y corrientes de sus mismas condiciones, de modo que puede obtener éxito, pero dentro del radio en que se agita, vive o se desenvuelve.

Este hombre o mujer puede adquirir mejores condiciones (83-98).

* * *

Algunas líneas más sobre el poder, o influencia de las costumbres, en la fuerza fluídica o invisible que llamamos fuerza mental, pero que irradia de todo nuestro ser. Nuestro yo espiritual puede ver, palpar y hacerse visible, sin el cuerpo material; esto no es religión. ¡Es Ciencia! ¡Descubríos! Es observación metódica, persistente, analítica, de sabios científicos.

Yo me explico perfectamente, por qué no podéis comprender esto así, a primera lectura.

El comprenderlo, no hace a nadie más perfecto. El caso de llamarse espiritista porque se conozca y se acepte la doctrina, (a veces sin comprender el radio que abarcan sus ideas) no quiere decir que sea el individuo perfecto, ni que pueda serlo más pronto; sí, las ideas pueden ayudarlo, pero como quieren adaptar las ideas al medio en que viven, algunos, hasta las romanizan y las ideas se pervierten para el que no observa que es el individuo pervertido, que atrofia las ideas o hace unas a su antojo con idéntico nombre.

Observamos infinidad de personas que se llaman espiritistas y se unen a su novia por ritos absurdos y bautizan a sus hijos, y van a confesarse, y tras las procesiones, tienen comercio de licores y venden carne y adulteran la leche y cobran subidos alquileres y demandan al que no les paga. Y calumnian e injurian y contestan los insultos y hacen política burguesa. Y se llaman espiritistas, racionalistas; pues los anarquistas no hacen anda de eso. De modo que llamarse espiritista, no quiere decir que sean más perfectos, ni medianamente, y estos espiritistas fraudulentos que usurpan en las pesas y medidas, que escatiman el jornal del trabajador, que contribuyen a que la pena de muerte subsista, que ayudan a destruir leyes favorables a los pobres y débiles, que mienten descaradamente, que son cobardes, (Jesús fue valiente) y que cometen miles injusticias, (con muy raras excepciones) se reúnen en un local, para invocar espíritus. Decidme: ¿qué espíritus o influencias espirituales se pondrán en contacto con la fuerza fluídica, o irradiación fluídica, o aura que les rodea? Los que están en iguales condiciones suyas. Por ejemplo: todo el que acostumbra tomar alcohol, su aliento es molesto y repugnante, irresistible. Igual le pasa al que no se baña a menudo, al que no se cambia la ropa sudada despide mal olor, igual efecto hace la persona que es colérica y se expresa en tonos ásperos y en formas incorrectas, estas personas no pueden tener en buen estado su influencia magnética y sus fluidos están en malas condiciones para invocar a espíritus algo elevados, pues éstos, aunque los invoquen, no vienen; se acercan los que están en iguales condiciones que ellos.

> No es negar a (Dios) la fuerza creadora del universo el no creer en la influencia divina, sobre las miserias humanas.
>
> Antonio Otero

Y un grupo pobre de personas sobrias y altruistas se reúne y obtiene una comunicación superior; pero la instrucción de este grupo no alcanza a interpretarlo y la deforman con el lenguaje rústico, y los del otro grupo, al saberlo, se burlan y dudan de que hayan obtenido una mejor y más altruista comunicación, porque ellos no la han recibido.

Otros detalles, de modo, que esos del grupo primero oyen las prédicas anarquistas, llenas de altruismo, de un hermoso desinterés y dicen: ¡ah! Nosotros no somos partidarios de tirar bombas, nosotros vamos por vías pacíficas, ¡somos espiritistas! Y realmente se creen que lo son. Yo desearía me dijeran qué quiere decir espiritista: (si a mi me lo preguntan yo digo que no sé, porque lo entiendo de un modo tan distinto que no lo aceptarían.

No entiendo el espiritismo con residuos de misticismos, ni fanatismos de otras ideas llamadas religiosas. No acepto el espiritismo con acatamiento a leyes criminales, ni a régimen autoritario alguno. No comprendo espiritismo que acepta costumbres, dogmas y ritos de caducas instituciones, llamadas religiosas. Tampoco lo entiendo amoldándose a las prácticas explotadoras del régimen capitalista.

Ni lo comprendo, aceptando la ley de herencia, establecida por pasadas generaciones que constituye privilegios e injusticias. Ni creo sea de continuar con privilegios y distinciones odiosas. Ni puedo comprenderlo con el egoísmo que practican los que lo predican o se llaman así. Repito que hay excepciones de un valor extraordinario. Tenemos a don Francisco Vicente, padre de numerosa familia, muy modesto, muy sobrio, muy humano, que no se ocupa de acaparar ni de preparar herencias para su familia, muy trabajador, muy inteligente, muy desinteresado, y un sin fin de calificativos de alta graduación. Y otros que valen la pena de exhibirlos como modelos, pero es muy largo. Y además no quiero exagerar, ni equivocarme al presentarlos, porque mi empeño es esclarecer el concepto de la idea, y no quiero que se me diga, usted se ha equivocado.

Se me olvidaba mencionar que don Francisco Vicente es profesor de enseñanza superior. Para que alguien no crea que es algún rentista o algún parásito social. Es un hombre de valer.

Pues bien hay infinidad de personas de ambos sexos que se llaman espiritistas y se reúnen para celebrar sesiones de experimentación o estudios, pero estas personas durante del día son coléricos, mal intencionados, calumniadores, exagerados, muy susceptibles de molestarse, glotones, perezosos. Más detallado, aún: está probado que según las condiciones de los que se reúnan a invocar, así son los espíritus que se acercan o se ponen en contacto son las corrientes fluídicas; y si el que evoca se embriaga, aún que en aquel momento no lo haga. Si es colérico, aunque en el momento de la invocación no lo sea, no importa; ya tiene el aura formada, y si en aquel momento no maldice, ni desea mal a su prójimo, ya lo ha hecho.

Estas personas pueden mejorar sus condiciones dominando su carácter, porque las leyes naturales son inmutables e inviolables y aunque rece usted miles de oraciones y aparezca hecho un santo, a la hora de invocar, no le dará resultado ni se perfeccionará usted por ese sistema.

Me atrevo asegurar que la oración es inútil, la reconcentración de pensamiento es una oración, pero si individuo no se perfecciona, esta oración es inútil.

Y además, ¿con qué fin es la oración? ¿Para pedir algo? Entonces todos tienen derecho a pedir y a que se les conceda. Y he observado que aquellos que siempre están esperando milagros, o intervención ultraterrena, no logran nada digno de aprecio. Y los estudiosos y observadores científicos, como Edison, no es a la oración que deben sus inventos y descubrimientos. Newton, Fulton, Galvani e infinidad de investigadores, no fue rezando como obtuvieron sus descubrimientos. ¿Estos hombres tenían vicios, costumbres feas, o perniciosas? Únicamente amor al estudio y a las leyes naturales.

Además, si algún guía o espíritu se ocupa de recompensar a los que se dedican a rezar, ¿cuántos hay que continuamente están rezando?

¡La mayor parte de la humanidad, invocando y ofreciendo ayunos y sacrificios de miles causas! Hasta dejan de comer por comprar reliquias, grabados, lámparas y una infinidad de objetos inútiles para el fin perseguido.

¿Y esta potencia espiritual necesita tales absurdos para conceder algo? Para realizar un trabajo o proyecto beneficioso a la humanidad, no hay que pedir intervención espiritual, porque entiendo que estando en la materia necesitamos ayuda de iguales condiciones. Una intervención de algún prójimo que realmente desea ayudarnos de corazón, con toda su fuerza mental, nos sería más beneficioso.

Del grupo que no rezan ni invocan han salido los adelantos y descubrimientos más hermosos y necesarios a la humanidad.

Esos humanos que rinden culto a las imágenes y las adornan con seda y oro y miran con indiferencia, infinidad de hombres, mujeres, e infelices niños, en la más degradante miseria. ¿Cuál santo podrá ver bien y con agrado que se olviden los dolores y necesidades humanas, que están a nuestro lado, para ir a buscar lo que no está a nuestro alcance y ellos no necesitan? ¿En qué criterio cabe que un pedazo de madera o de yeso mejor o peor modelado, pueda necesitar que lo adoren y lo cubran de oro, piedras preciosas y sederías? Se necesita tener el cerebro atrofiado y haber llegado a un grado de indiferencia muy grande para cuidar una estatua y dejar hambrientos y desnudos a nuestro alrededor. Aceptando que tales idiotas creyeran que determinados santos pudieran acercarse a la imagen de su nombre aunque no se parezca a ella. Pero eso sería secundar la idolatría y no cabe en lo razonable; porque todas esas apariciones y movimientos de imágenes son cosas de los curas que los han colocado en determinado sitio y luego dijeron que habían aparecido, y por medio de resortes hacen que lloren y se muevan.

Vamos a suponer que puedan recibir los santos los mensajes y oraciones. Entonces, ¿por qué no atienden a las peticiones que le hacen? Y qué vienen haciendo de tiempo inmemorial por los que van a la guerra, que se mueren y vuelven sin piernas y sin brazos por miles y miles de negocios y proyectos que fracasan sin intervención de los santos. Es tiempo perdido miserablemente el de vestir imágenes; y estas mismas personas miran a una niña pidiendo un centavo a algún caballero, y dicen: "Mira esa perdida, que su madre no recoge". Pero no la envía a llamar y en vez de adornar los ídolos, adornarla a ella y enviarla a la escuela.

¡Qué hermoso acto!, ¡cuántos beneficios no proporcionarían a miles de infelices!

Si las mujeres en vez de ir a las iglesias a exhibir sus lujosos trajes, fueran a las pobres viviendas a llevar consuelo. En vez de enviar aceites y velas a las imágenes, ¡llevadlos a los pobres que lo necesitan y no lo tienen! Los ídolos no lo necesitan; en vez de enviar dinero para misas u oraciones, novenas y cortinajes y adornos de la iglesia corruptora y materializada, llevadlo a los pobres que no tienen que comer y ayunan. Si queréis que el cura o fraile viva sin trabajar y queréis sostenerlo por decir algunas frases en latín delante de una imagen; ¿por qué cuando una infeliz va a pediros una limosna, o a un pobre campesino, le decís "usted está gordo y colorado, váyase a trabajar"; y es el sol que lo ha coloreado durante el camino; y a la infeliz mujer le decís que es una perdida; y al reverendo que está tan cuidado y feliz no le decís que se vaya a trabajar.

¡Qué de contradicciones y cómo salís de un error para meteros en otro!

¡Cuán equivocadas estáis, mujeres al creer que las novenas, misas y oraciones os van a purificar! Si no tratáis de corregir vuestros defectos, si os creéis superiores a vuestros servidores y los tratáis como no quisieran os trataran a vosotras. Sois gastadoras superfluas, y sois engañadas cuando os hacen creer que seréis perdonadas con los rezos y letanías de los curas. ¡Despertad! Y no os asustéis con lo que vais a seguir leyendo.

No hay quien premie ni castigue. Es una blasfemia.

Nuestra conciencia será nuestro juez, nuestros defectos se quedarán adheridos a nuestro espíritu si no tratamos de corregirlos. Ni el tiempo ni las oraciones podrán borrarlo si no procuráis perfeccionarlos. Por tanto, mujer ilustrada, madre de familia, obrera infeliz, podéis hacer mucho en beneficio de vuestros hijos. ¡Despertad! Sacudid la inercia, el fanatismo que os subyugan; y ayudadnos a destruir estos errores sociales.

Observad la miseria de la mayor parte de nuestros hermanos y venid a ayudarnos a conquistar el triunfo de la humanidad sufrida.

De los que siempre trabajan y no tienen jamás razón en sus declaraciones, pues nunca son atendidos.

Este planeta pertenece a todos y no es privilegio de unos pocos. ¿Por qué ha de haber tantas injusticias?

Debemos contribuir a nivelar tantas desigualdades (104-113).

La humanidad en el futuro*

Prólogo

Respetables lectores y lectoras: este librito surgido al calor de mis ideas libertarias ha sido confeccionado en un sólo día, el 18 de septiembre, sin más ensayos, ni más pulimento que el natural establecido por la gramática.

Perdonad sus incorrecciones, y aceptadlo por un donativo o precio voluntario, para atender a los gastos de la revista "La Mujer" y reunir fondos para una imprenta.

Respetuosamente saludo a ustedes, y me ofrezco su servidora y amiga.

La autora

La Humanidad en el futuro

No hay época del año más bella que la primavera; luce bellísimos días en el mes de mayo. Bellísima y extensa variedad de flores.

El día 10 de ese mes, en un local obrero, se había celebrado una Convención en la que luego que presentaron leyes nuevas y las aprobaron, determinaron, si no aumentaban su jornal, declararse en huelga.

Ellos habían medido su determinación y creyeron oportuno llevarlo a la práctica, y solicitaron intervención del Comité Revolucionario, expusieron sus quejas, presentaron sus reformas, aclararon conceptos, afirmaron opiniones y decidieron lo antes manifestado. Irse a la huelga.

Era el 14 de mayo, un esplendente y hermoso día. En la calle de la Libertad, en el local de un periódico libertario, estaba reunido el Comité de Huelga Revolucionario. Entre varios importantes asuntos, acuerdan dar principio a la petición de los trabajadores, que

---

* San Juan: Instituto de Cultura Puertorriqueña/Tipografía Real Hnos., 1910.

reunidos en Convención, habían determinado lanzarse a la huelga porque se les pagaba poco salario.

El Comité determina que estando en condiciones de sostenerla, la secundaban; y que el programa presentado era muy pobre en aspiraciones, que eso era continuar en lo mismo, que ellos deseaban tomar la dirección del movimiento y que ponían a su disposición las cooperativas establecidas para que lo que fueran a gastar, no pasara al campo contrario. Habían varios depósitos de comestibles, muy bien organizados, y de telas y calzado para la comunidad, que había empezado con 10 individuos y habían 11,000. Los huelguistas aceptaron y fueron a depositar sus ahorros en el fondo común de los revolucionarios y los que tenían dinero en los Bancos, lo llevaron al fondo común, para que enviara a la cooperativa de Estados Unidos, para que remitiera productos que no era posible obtener aquí con igual facilidad.

Tenían un local con una máquina de hacer calzado con la cual proveían a los demás y cada semana el encargado era diferente, para que no hubiera atrofia de organismos, y el que atendía la panadería, pasaba a la semana a la zapatería y al depósito de ropa, y a la imprenta, a cada uno de los diferentes locales; además tenían algún terreno, en el cual iban todos a labrar la tierra y a cosechar el grano y las legumbres.

Había escritores, artistas, periodistas, abogados, científicos, médicos, y todos habían aprendido e cultivar la tierra.

El abogado se hallaba muy feliz y cada día más elocuente orador, el escritor y el artista y el poeta, se sentían más fecundos y más prodigiosos en el arte.

No se obligaba a nadie a ir a un oficio que no fuera de su agrado, pero el deseo de igualdad, los impulsaba a contribuir a la fecundación del bien común. El abogado, como una oración, hacía uso de la palabra, y hacía una comparación de cuando iba al foro y a presentar defensa o acusación contra todos los fallos injustos que el juzgado imponía, y decía que bendecía el día en que se presentó a defender las leyes de la comunidad, por la cual había ingresado de lleno entre ellos. Esto era cuando semanalmente terminaban su trabajo. El artista hacía una descripción bellísima de un futuro cuadro, que había surgido allí, en plena naturaleza, bajo los ardientes rayos del sol y con arado en la mano; y se iba a su elegante taller a prepararlo lujosamente adornado por los trabajadores, carpinteros y ebanistas y demás. Sus cuadros iban al salón general. Sentían por los poetas y artistas gran cariño, y se disputaban entre ellos el arreglo de sus gabinetes de estudios con las creaciones nuevas.

El escritor iba tomando nuevas ideas y recogía deliciosos datos para una novela que iba a publicar, que aumentaría la biblioteca común. El científico, que continuamente analizaba y combinaba en su laboratorio químico, explicaba como allí se había hecho un nuevo descubrimiento, y lo iba a desarrollar para ver el resultado.

Había descubierto un elixir de juventud y belleza, real y efectivo.

El médico decía que siguiendo los impulsos de la naturaleza y no cometiendo excesos las enfermedades eran imposibles, que tomado por ejemplo la naturaleza, se había convencido de que las enfermedades no eran naturales, eran productos de los artificios del hombre, que pretendía reformar la creación y de la ignorancia. Que adoptando los medios naturales de vida, no habrían enfermedades; y aseguró que el alcohol, el tabaco, el café y la carne, eran perjudiciales, pero para no violentar los organismos, y como método de libertad y tolerancia, habíase admitido que los que no pudieron de golpe, acostumbrarse a variar, fueren poco a poco aminorando la cantidad de carne, café y tabaco, limitándose a tomar los que lo exigían, a una vez, y luego a 3 por semana hasta la completa abstinencia de todos estos alimentos y artificios creados por la competencia y la miseria, que dañaba los organismos, viciando generaciones enteras. El agricultor genuino, que se había creado entre árboles y cañas y semillas, que no había podido concurrir a las cátedras, ni escuelas, ni espectáculos recreativos e instructivos, como sabía leer, pero no podía hacer gala de una oratoria brillante ni educativa debido al sistema en que vivió, ocupó el turno como último en los conocimientos, siendo el más necesario de los que utilizaban antes; se complació en manifestar que había descubierto un nuevo sistema para sembrar, y otro para que la tierra no fuera estéril o se agotaran sus recursos y produjera frutos pequeños y desabridos. Y explicó que era muy aceptable, se preparaba el terreno sin utilizar medios artificiales y se dejara descansar, por... y no continuó por creerlo perjudicial manifestarlo, habiendo gente nueva escuchando.

Pero seguramente cuando haya sociedades análogas, estarán dispuestas a exponerlo.

De modo que todos estos comunistas tenían aseguradas sus existencias por el trabajo en común y disfrutaban de una felicidad completa. Porque además de esto, hay que advertir que todos tenían familia y habían hecho un pacto entre la comunidad, en el cual autorizaban mutuamente a tomar entre ellos a los jóvenes de ambos sexos para formar familia, sin autorización de los jueces, ni autoridades civiles ni religiosas. El abogado había llevado familia, y el médico tenía hijos, y éstos se habían iniciado por instrucción paterna, no se habían maleado en la otra sociedad; eran pequeños cuando los padres habían ingresado. De modo que los jueces y curas veían formadas nuevas familias sin su intervención y que estas gentes no se necesitaban policías, ni cárceles, ni comercio, ni leyes: y cuantos curas y magistrados estaban observando de qué manera podían ingresar, sin abdicar francamente. Ya algunos habían entrado, eran los nuevos, que escuchaban al agricultor, y por los cuales no había querido continuar hablando, no fueran a vender el secreto,

De manera que todos estos procedimientos y costumbres iban a disfrutar de ellos los huelguistas: y era necesario asegurar el triunfo de la huelga, con el esfuerzo común, en beneficio de todos en general. Así es que todos accedieron, a conceder la dirección de la huelga a los revolucionarios en todo.

Decidieron entonces, los del Comité, obtener más terrenos silenciosamente, antes de confirmar públicamente la huelga, y preparar todo para que los huelguistas volvieran a trabajar a sus respectivos talleres y campos, y no hubiera motivo de traición por hambre y miseria, y aún a los que no pertenecían a la sociedad obrera, pero que estaban dispuestos a colocar sus economías, tenían casas y las vendieron, pasando a la comunidad que ya había construido otras nuevas en los terrenos adquiridos, y no había más que ocuparlas; los que se dedicaban al juego, para tener más dinero, por un medio tan ilegal, los que se embriagaban, los que acostumbraban vicios y excesos, esos no pudieron entrar.

Estaban en peligro si declaraban algo, y decidieron callar y observar.

El 25 de mayo se declararon en huelga. Como era una huelga general de todos los oficios, habían carpinteros, herreros, cocineros, sirvientes de ambos sexos, cargadores de muelles, éstos y los agricultores, eran los más, y un prominente abogado que viendo más allá que los demás, quizás por humanidad, dejo planteada una gran defensa, que se esperaba triunfara, y en que se hubiera ganado 30 mil dólares, a pesar que le advirtieron dos del Comité que terminara la defensa, que aportara luego aquel dinero. No aceptó, para que no creyeran que lo hacía por cobardía, y solamente 15 mil dólares que tenía en el banco, los llevó a la comunidad. Y se prestó para los informes de la comisión.

Declarada la huelga, se pasó aviso a las casas comerciales, a las fábricas, talleres de todas clases, con las peticiones exigidas por el Comité de Huelga Revolucionario, pero luego de enterados todos, hubo comerciantes y hacendados de esos que leen que se presentaron al Comité llevando todo su capital en billetes y pidiendo que lo admitieran en la comunidad.

Era natural, hacia 10 años que aquellos 10 hombres formaron la sociedad, y habían dado un ejemplo y una demostración de solidaridad y de cultura, y tenían que ejercer alguna influencia. Esos señores tenían hijos en la comunidad que, enamorados de hijas de los comunistas, habían pasado a la sociedad y se habían reformado.

Todo el país estaba en expectación: había pueblos que no tenían panaderos, otros que no tenían zapateros ni braceros y en los que había, no podían atender a todos.

Las casas acostumbradas a grandes servicios, sin pies ni cabeza; las dueñas no sabían cocinar, ni lavar, ni planchar

A la semana, estaban las calles intransitables, no había legumbres ni huevos, ni quesos, en el mercado, se puede decir que no había mercado. La leche apenas se conseguía.

Hubo obrero que para atender a las peticiones de sus patronos, que les habían aumentado el jornal, se habían muerto con el instrumento de labor en la mano, otros caían al salir, en fin, una cocinera que tenía que atender a tres o cuatro familias, se vertió una sartén de manteca y se inutilizó las manos y un pie, y una sirvienta se cayó por la escalera, otra se tiró por una ventana.

Una señora cocinando perdió un ojo, otra se rompió una pierna deshollinando la subida de una escalera; otra se ahorcó y otra se envenenó. Esta lucha por no acceder a las peticiones hechas, sembraba el terror. En vista de tales sucesos, determinaron recurrir al Comité de Huelga, que permanecía siempre abierto y expusieron sus quejas. El Comité respondió que si los dejaban arreglar el asunto, que todo terminaría muy bien, en beneficio de todos. Ellos accedieron, y entonces les dieron un permiso provisional para que fuesen atendidos por la comunidad, ocupando cada cual en el trabajo, lo más adecuado a sus costumbres.

Habían señoras y señoritas que no sabían hacer otra cosa que peinarse y tocar un poco el piano, y querer ordenar como en su casa; pero se las fue ocupando en algo, en rociar las plantas, en adornar salones y ayudar al servicio en común, y a las jovencitas burguesas, acostumbradas solamente a rellenarse el cabello y a limpiar los biscuit, se las enviaba una hora por la mañana a la cocina general y otra por la tarde para que observaran y aprendieran, y luego al salón de costuras, y más tarde, al de pintura, y así sucesivamente, en todos, para que eligieran.

Después de verificado este cambio, pasó una semana; y el Comité Revolucionario invitó a los más intelectuales, a las autoridades, para una reunión extraordinaria y en ella manifestaron que para establecer de una vez un sistema fijo, era necesario conducir los códigos, folios y pergaminos y toda la papelería archivada, en el centro de la plaza pública y quemarlos.

Protestaron y dijeron que eso era una cobardía: "¡Sois unos atrevidos —exclamaron—, que habéis burlado nuestras leyes y sembrado el terror en las familias!". Ellos contestaron "Y eso que no hemos querido imitaros, pues si hubiéramos seguido vuestro ejemplo, hubiéramos destruido y encarcelado, como habéis hecho".

"Ahora que os quejáis, os decimos: somos más humanos; cuántas veces, en plenas sesiones, habéis cogido nuestros libros, periódicos y leyes presentadas, y las habéis roto y pisoteadas, llenos de odio y de ira. Hacemos esto como un acto de justicia; y no para imponer privilegios, pues no los queremos. Vosotros, jueces y abogados, condenasteis a trabajos forzados a miles de infelices que tomaron un pedazo de pan, por hambre, donde veían muchos panes en abundancia. No se lo quitaron a nadie de la boca. Los jueces y abogados del Universo han despojado a numerosas familias y las han dejado en la mayor miseria, para apropiarse de sus bienes. Nosotros hemos visto acusar y condenar a inocentes que no habían hecho otra cosa que ser explotados y rebelarse y por declararse en huelga y dar 'meeting' de protesta, han sido sentenciados a muerte, como vulgares asesinos. ¡Ellos, que predicaron la Buena Nueva, de las libertades humanas, en bien de vuestros hijos y de vuestras futuras generaciones!"

"Sentenciados a morir violentamente, sin motivo que lo justificara, y ¿os quejáis de vuestros mismos métodos, costumbres y leyes?"

"Por solamente oponeros, debíamos imitaros y encarcelaros. Y por imitaros, sentenciaros a muerte; pero no queremos mancharnos, ni sembrar la libertad, con sangre. Si no queréis ayudarnos, retiraos a vuestras casas y dejadnos preparar y asegurar la libertad de todos y hasta que hayamos hecho todo eso, no interrumpáis nuestra labor con protestas inútiles, que no veréis atendidas. De toda la libertad y bienestar común, disfrutaréis, y entonces, cuando la palpéis, nos diréis si es más buena, justa y moral".

Los magistrados, jueces y abogados, que habían concurrido, se miraban y decían: "realmente, estas gentes son superiores a nosotros, marchemos a nuestras quintas y esperemos los acontecimientos".

Se dirigieron al Comité directivo y dijeron: "Nosotros queremos salir para nuestras casas y no inmiscuirnos en estos asuntos".

"Bien, salid, no olvidéis que el trabajo es la base de esta sociedad, y no podéis holgar a costa de la ignorancia o del trabajo ajeno; tenéis que concurrir al campo y a las fábricas, para observar; y lo que encontréis más fácil, eso haréis más luego, sin violentaros."

Muy bien; salieron y el Comité se dirigió a las oficinas, repasó todos los Códigos y los envió a la plaza pública, y así recorrieron todas las oficinas y tribunales.

Luego se presentaron en los comercios, cerrados todos, tomaron los libros y los enviaron al carro, y así recogieron todo lo inútil en que se basaban denuncias y leyes, que actuaban, y se presentaron en las iglesias y solicitaron permiso para tomar todo lo inútil y lo que no fuera obra de arte, echarlo al carro, para que lo llevaran a formar la pira. Los curas protestaron, diciendo: "Sois criminales, queréis imponernos otras ideas y despojarnos". "No, eso no; venimos a daros propiedad, que hasta ahora no la habéis tenido, sino por medios perversos; nosotros queremos estos edificios para escuelas de artes y oficios y para otras enseñanzas. Y ustedes, pasaran a la comunidad, a aprender a trabajar, y todos los libros inútiles que tengáis, los tomaremos como perniciosos y estúpidos."

"Ya véis que no procedemos como vosotros, que a fuerza de quemar gentes, impusisteis los dogmas de la iglesia, y cuando lo hicisteis, fue en nombre de Jesús, y por orden divina. Nosotros no tomamos el nombre de Jesús, ésta es obra humana de redención universal."

Los curas dijeron: "¿Y qué hacemos?". "Id a las fábricas y talleres y observad, y cuando podáis, sin violentaros, haced algo e id al campo y observaréis a los que allí trabajan."

Iban a salir los curas, y el director les dijo: "¿Vais a ir con esos trajes? Dejadlos aquí, para enviarlos al carro y quemarlos; ya se guardarán para el museo algunos nuevos, los usados y sucios, no los queremos. Los curas salieron sin sotanas, y cuando se mezclaron en las fábricas y fueron al campo, les recibieron con vivas y gran alegría, porque simbolizaban un pasado muerto y renaciendo nuevo, en costumbres y procedimientos".

Pasamos a la plaza, y el enorme motón de libros y papeles y objetos inútiles, era atroz; como que hacía buen tiempo, se transfirió para el fin de semana, y a los tres días, vigilando a todos los que estaban interesados, se procedió a prender fuego y a las tres horas, era sólo cenizas que se mojaron para recogerlas y enviarlas al campo. Esta fue la apoteosis de la huelga.

Las imágenes de los templos pasaron al salón de objetos artísticos y a los museos dos o tres objetos de cada reliquia de fanatismo e ignorancia.

Se acordó celebrar en común fiestas, y que cada cual aportara los conocimientos y recreos más selectos y se divirtieran por una semana; hubo regatas, fuegos artificiales, globos, confeccionados por los más expertos, con ayuda general, y en todos los juegos y paseos en coche y automóviles, cada cual aportó alguna idea, alguna forma recreativa. Terminó todo, ya estaba establecida la confianza entre todos. A los más rudos, se les enseñaban lecciones de cultura y buenos modales y se les hacía ensayar la forma de comer y saludar correctamente.

Faltaba terminar con el dinero. Y acordaron, después de tomar el necesario para mercancías y máquinas de fabricación de papel y cristalería y porcelana, dejar establecido el libre cambio, enviarles nosotros nuestros frutos, después de abastecidos los depósitos generales. Y no tener dinero para nada. Solicitábamos cualquier cosa que no era posible hacer aquí y enviaban nuestra azúcar y nuestras frutas y nos enviaban arroz, garbanzos y otros artículos. Los enfermos aminoraban; los que habían ya de época pasada, se tenían en condiciones especiales.

Los tuberculosos habíanse enviado a las montañas. Con los tabacos fabricados, se llenó un depósito y se procuró establecer un método para los que lo usaban hasta que perdieran la costumbre. Los campos sembrados de tabaco se dejó terminar la cosecha y enviarla al extranjero por otros artículos; y el seco se envió también, para que el terreno perdiera su condición; se quemó, regó y movió bien y se dejó descansar; y a los seis meses, sembróse yerbas alimenticias para los caballos y las reses. Los cerdos no se utilizaban más. Se remitieron a cambio de una tela impermeable para calzado y telas finas a propósito para lo mismo y no sacrificar ganado. No tenían nada que desear. Nadie se acordó de la policía, con el pueblo en huelga, no se atrevieron, porque no hubo ocasión, y ellos entraron con facilidad, pues la mayor parte habían sido agricultores y obreros; había de todos los oficios y sólo hubo que dirigirlos e ilustrarlos.

Todos muy felices, muy sencillos, aunque no se permitía a nadie andar como quisiera; unos a otros se aconsejaban y cambiaban impresiones. Por último, se acordó hacer una relación de todo e imprimir un libro, para enviar a todos los gobiernos, ministros, sociedades y municipios del Universo. Era necesario conocer la opinión de cada país. Unos dijeron que eso no duraría, que era una casa de locos. Otros, que era la torre de Babel, que cómo íbamos a vivir, el poeta con el bracero burdo y torpe, que no teníamos obras de arte; que éramos intransigentes e inhumanos. Esto lo dijeron los gobernantes, en nombre de sus presidentes, y los ministros, en nombre de sus reyes. Las sociedades obreras nos felicitaron, y los hombres altruistas, nos ofrecieron visitarnos y otros nos ofrecieron venir a vivir con nosotros. Pero les dijimos que debían iniciar en su país iguales procedimientos, que era fácil y era más glorioso para ellos. Que no aceptamos forasteros y que de cualquier país podían venir, pero que como no podíamos hacer lo propio, resultaba muy pequeño el país para tanta gente.

Todo quedó así y nosotros esperamos que se practiquen tales ideas, para bien de todos los humanos, y en nombre de la fraternidad universal.

San Juan, septiembre 19 de 1910.